COMPRANDO LA CASA

Compre con seguridad y confianza

CHRIS D. GALO

Primera Edición

Publicado

Por

Chris D. Galo

9170 Crowne Springs View # 102
Colorado Springs, CO 80924
719-238-7851
info@hablandodecasas.com
www.hablandodecasas.com

Primera Edición, 2020
ISBN 978-1-7345529-0-4
Impreso en EE. UU.

INTRODUCCION

Desafortunadamente en la industria de bienes & raíces la prioridad es vender casas, y no educar al público. La primera vez que compré una casa cometí muchos errores, y lamentablemente me di cuenta de esos errores demasiado tarde; no quiero que a usted le pase lo mismo.

El objetivo principal de este libro es facilitarle información que necesita saber para tomar decisiones inteligentes, y reducir perdida. Encontrará definiciones de bienes & raíces, descripción del proceso de compra/venta de casas, como obtener financiamiento, aprenderá de inspecciones, tasación (valorización), seguros, compañías de títulos, y el proceso de cierre.

En este libro aprenderá como seleccionar una casa, factores económicos, factores familiares, como localizar la casa, sistema de citas para ver casas, la dinámica del tour de casas aprenderá a saber su salida antes de entrar, cuando es el mejor momento para comprar, que tamaño de casa comprar, donde comprar, como localizar la casas, que cosas afectan el valor de la casa por adentro, y por afuera.

Espero que la información en este libro sea de mucha ayuda, y recuerde que es muy importante educarse para saber tomar decisiones inteligentes. "El saber es poder," de nada le sirve esta información si no la pone en práctica.

DEDICACION

Estoy muy agradecido con mis clientes, y colegas que me han enseñado muchas cosas a través de los años. Este libro está dedicado a Dios por haberme dado el soplo de la vida, y a la humanidad por todas sus contribuciones a mi formación como persona, y profesional.

Le dedico este libro a la Sra. María Luisa Ibarra; la Sra. Ibarra con sus consejos, conocimiento, honestidad, e integridad contribuyo a la formación de este libro. Desde el cielo sé que estarás leyendo este libro.

También le dedico este libro a mi familia; Julia Esperanza Prado, María Luisa Novoa, Alba Lucia Fernández de Suarez, María P. Suarez, y a mis hijos Alexander A. Galo, Christian M. Galo, Elizabeth E. Galo, Isabela A. Galo, and Rodolfo Buitrago.

Además, este libro está dedicado a la Sra. Marisa Peer que sin conocerme ha contribuido muchísimo para poder completar la última etapa de este libro. Sus videos de transformación rápida terapéutica contribuyeron mucho a poder completar este proyecto.

Un reconocimiento, y dedicación especial a la Sra. Abigail Pérez y al Sr. Yoel Pérez por sus consejos, y orientaciones.

Finalmente, este libro está dedicado a todas las personas que conozco, y a las que no conozco que de una forma u otra han contribuido a mi iluminación y materialización de este proyecto.

RECONOCIMIENTO

Esta es la parte más difícil de este libro; son tantas las personas que han contribuido a la creación de este libro. Un reconocimiento muy especial al Sr. Raúl Duran Jr. por su colaboración con material, y opiniones. También estoy muy agradecido con el pastor Carlos Leite por sus consejos, y colaboración con este libro.

Estoy muy agradecido con estas personas por su contribución a la materialización de este libro:

Alfredo Aragón, Angie González, Betty Hennesy ,Brevan Woydziak, David Clark, Diane King, Emanuel Blando, Ingrid Hinson, Irene Maxwell, Juan Carvajal, Juan Castro, Katia Munson, Kike Morales, María Luisa Ibarra, María Zuluaga, Mat Wilson, Mathew Heard, Miguel de Santos, Norma Murillo, Néstor Zuluaga, Priscilla Valenzuela, Rosa Borges, Sandra Castro, Tracee Borger , and Víctor Velasco.

INDICE

CAPITULO 1

¿CASALIDADES?

Errores más comunes

No es un secreto, la mayoría de las personas cometemos muchos errores cuando compramos nuestra primera casa, y lo más triste es que continuamos cometiendo los mismos errores cuando compramos nuestra segunda casa porque no sabemos cómo debe de funcionar el proceso de compra/venta.

Lamentablemente muchos de los profesionales que trabajan en la industria de casas no tienen el tiempo para educar al consumidor, y el consumidor no sabe dónde obtener la información para educarse. Estos son algunos de los errores más comunes:

1. No educarse respecto al proceso de compra.

2. No hacer preguntas o no saber que preguntas hacer.

3. No saber cómo contratar a las personas que lo van a ayudar (por ejemplo, al agente de bienes & raíces o al agente de préstamos).

4. Darle dinero al agente de bienes & raíces (esto está prohibido).

5. Buscar la casa sin haber obtenido la carta de crédito (pre-calificación) del banco es un error muy común.

6. Buscar, y comprar la casa por su cuenta sin la ayuda de un agente de bienes & raíces es un error.

7. Comprar la casa equivocada o en el área equivocada es un error muy común que le puede costar mucho dinero.

8. Contratar al agente de bienes & raíces que está representando al vendedor para que le ayude. Esto significa que usted está comprando sin representación y consejería.

9. Firmar documentos sin entenderlos, y no pedir copias de los documentos firmados.

10. Obtener solamente una carta de crédito (pre-calificación) del banco.

11. Permitir que el agente de bienes & raíces escoja al inspector de la casa.

12. Permitir que el agente de bienes & raíces lo presione o manipule para que compre rápido.

13. Comprar el seguro de la casa sin hacer preguntas de coberturas y protecciones.

En este libro usted podrá educarse para no cometer errores o reducir el número de errores que típicamente comenten los compradores.

¿Por qué comprar?

Ser propietario de una casa tienes muchos beneficios; basado en entrevistas con mis clientes, y lo que he leído en la literatura de bienes & raíces estas son las principales razones por las cuales las personas compran casas:

1. Comodidad: Puede tener más espacio, y privacidad.

2. Acceso a mejores escuelas: Sus hijos pueden estudiar en un mejor distrito escolar.

3. Seguridad: Hay casas que están en áreas más seguras, y con poca criminalidad.

4. Colateral: Puede usar la equidad (ganancia no materializada) para financiar la educación de sus hijos o proyectos de inversión (comprar una casa para rentar, o comprar casas para remodelar y vender). Es más fácil que el banco le preste dinero si sabe que usted tiene una propiedad que responde por el préstamo.

5. Crédito: Asumiendo que haga los pagos del préstamo a tiempo esto le va a ayudar a mejor su crédito.

6. Cuenta de ahorros: Cuando la casas sube de valor ese dinero no se puede tocar; ¿no puede vender una esquina de la casa verdad? Esta es una forma inteligente de horrar, y no poder gastar ese dinero fácilmente.

7. Deducciones de impuestos: Podría recibir dinero o crédito de los impuestos de propiedad, y de lo que paga en intereses del presto (dependiendo del estado donde viva). En otras palabras, le podrían regresar dinero cuando haga los impuestos.

8. Estatus económico: No es un secreto personas que trabajan, y ahorran pueden aspirar a tener mejores casas, y el ser propietario de una casa es evidencia de que la persona tiene una economía saludable, y prospera.

9. Inversión: La propiedad sube de valor, y esa ganancia no la tiene disponible en forma de equidad de la casa. Históricamente las propiedades siempre han subido de valor.

La mayoría de las personas adineradas (ricas) son propietarios de casas, y hasta tienen muchas casas de inversión (de renta). En otras palabras, hagan lo que los ricos están haciendo, y deje de estar rentando (haciéndole dinero a los ricos).

¿Cuándo comprar?

En cualquier momento es bueno para comprar una casa; se trata de oportunidades, y decisiones inteligentes. En otras palabras, en cualquier tiempo podría ser su oportunidad. Antes de comprar estas son algunas de las cosas que debería considerar:

1. Mercado de compradores: Mercado de compradores significa que hay muchas casas de ventas, y pocos compradores. En este tipo de mercado típicamente el comprador lleva una ventaja pues puede ejercer más presión sobre los vendedores (ofrecer menos dinero por la casa, pedir dinero para costos de cierre, y pedir reparaciones de la casa).

Indiferentemente del tipo de mercado, siempre hay oportunidades, y hay que saber cómo comprar/vender en un mercado de compradores.

2. Mercado de vendedores: Mercado de vendedores significa que no hay muchas casas de venta, y hay muchos compradores. En este tipo de mercado típicamente el vendedor lleva una ventaja pues puede ejercer más presión sobre los compradores (pedir más dinero por la casa, no ayudar al comprador con los costos de cierre, y negarse a hacer reparaciones). Indiferentemente, siempre hay oportunidades, y hay que saber cómo comprar/vender en un mercado de vendedores.

3. Ahorros personales: Es muy importante tener ahorros antes de comprar una casa. Se necesita dinero para el enganche, y también para pagar costos de cierre. No se crea el cuento que el vendedor siempre paga los costos de cierre pues eso no es cierto. Si usted no pide dinero para costos de cierre puede negociar con más fuerza bajando el precio de venta o pidiendo reparaciones. El pedirle dinero al vendedor para costos de cierre es un símbolo de debilidad en la negociación para el comprador. Si no tiene ahorros, no importa qué tipo de mercado haya cuando usted quiera comprar; no podrá comprar.

4. Clima: No es un secreto que el invierno en partes del país es un gran factor con las ventas de casas. Durante el periodo del invierno en áreas donde hace mucho frio típicamente no es muy bueno para comprar/vender casas. Pero, siempre hay oportunidades, y hay que saber buscarlas.

5. Condición de su crédito personal: Al menos 1 año antes de comprar la casa usted debe de reunirse con un agente de préstamos para planificar como mejorar su perfil crediticio, y poder obtener un buen préstamo hipotecario.

6. Periodo del año: No es un secreto que el periodo de fin de año muchas familias prefieren ahorrar dinero para los regalos navideños, y no salir a comprar casas. Típicamente el periodo de diciembre a enero es cuando hay menos compradores de casas. Esto podría ser una ventaja para las personas que salen a buscar casas durante este periodo.

7. Economía del país: Es muy importante darse cuenta de cómo está la economía pues esto afecta el mercado de bienes & raíces. Algunas de las cosas que debería saber son las siguientes:

a. ¿Cómo está el desempleo? -- Current Employment Statistics (CES).

b. ¿Cómo está el índice de producción? -- Producer Price Índex (PPI).

c. ¿Cómo está el índice del consumidor? -- Consumer Price Index (CPI).

d. ¿Cómo está el producto interno bruto? -- GDP.

e. ¿Cómo está la bolsa de valores?

f. ¿Cómo está la encuesta de confianza del consumidor? -- Consumer Confidence Survey.

g. ¿Cómo están los intereses de préstamos?

Un agente de bienes & raíces que está actualizado debería de tener las respuestas para todos estos indicadores de la economía pues. Lamentablemente muchos agentes no tienen el dominio de estos factores.

CAPITULO 2

BIENES & RAICES

Realidades de la industria

El objetivo primario del agente de bienes & raíces es servir al público, pero también necesita ganar dinero. Si el cliente no compra, entonces el agente de bienes & raíces no gana dinero; el agente pierde todo el tiempo, y el dinero que invirtió ayudándole a buscar la casa. El agente no tiene salario; el negocio es muy injusto para el agente de bienes & raíces pues está invirtiendo su conocimiento, tiempo, gasolina, y otros recursos para ayudar a posibles compradores, y no necesariamente tiene garantizado que va a ganar dinero. El comprador debe de estar muy seguro de lo que está buscando, y no abusar de los agentes de bienes & raíces.

El otro lado de la moneda es que he escuchado muchas historias de abusos de parte de los agentes de bienes & raíces. La mejor forma de protegerse de malos agentes de bienes & raíces es educarse para saber cómo contratar al agente de bienes & raíces.

Dinámica del negocio de bienes & raíces

El negocio de bienes & raíces es un mercado libre, donde las fuerzas de suministro, y demanda son las que controlan el inventario, y los precios de las casas. Los agentes de bienes & raíces están asociados con los brókeres de bienes & raíces; los brókeres son miembros de la asociación de bienes & raíces local, y nacional. Además, los brókeres están asociados con el sistema de listado de casas conocido como multiple listing system (MLS).

Estas son otras fuerzas o factores que afectan el dinamismo del mercado de bienes & raíces:

1. El mercado de valores: La bolsa de valores tiene un efecto inverso respecto al mercado de bienes & raíces. Cuando hay problemas en la

bolsa de valores entonces los inversionistas invierten en metales como el oro, y en casas.

2. Los intereses de los préstamos hipotecarios: Si los intereses están bajos muchas personas se motivan a comprar casas.

3. Matrimonios & divorcios: Cuando las personas se casan típicamente compran una casa, y cuando se divorcian típicamente se vende la casa.

4. Nacimiento & muertes en la familia: Cuando hay nuevos miembros de la familia esto podría motivar a los padres a comprar una casa más grande. Cuando hay muertes en la familia, esto podría motivar a las personas a comprar una casa más pequeña.

5. Nivel de desempleo en el país: Cuando el desempleo es bajo, hay más ventas de casas.

6. Pensionarse (retirarse del trabajo): Cuando la gente se retira, en muchos casos venden sus casas o se trasladan a vivir a otra parte.

7. Percepción de la economía: Si la economía está buena, entonces las personas se motivan en comprar casas.

8. Perdida del trabajo: Desafortunadamente en muchos casos toca vender la casa.

9. Promociones de trabajo: Cuando la gente gana más dinero típicamente compran una casa más grande o en mejor área.

En la historia de la humanidad siempre se han comprado, y vendido casas indiferentemente de la situación económica del país. En otras palabras, siempre que quieran comprar o vender una casa siempre van a haber compradores, y vendedores.

Desglose de relaciones en bienes & raíces
(Real Estate Brokerage Relationship)

El agente debe de presentarle el documento de desglose de relaciones en bienes & raíces la primera vez que se conocen. En este documento describe los tipos de relaciones que existen entre el público y las compañías de bienes & raíces (brokerages); recomiendo que lea este documento cuidadosamente. Estas son algunas de las cosas que pueden aparecer en el documento de desglose de relaciones en bienes & raíces:

1. Tipo de relaciones:

   a. Agente del vendedor

   b. Agente del comprador

   c. Agente de transacción

2. Responsabilidades & Obligaciones:

   a. Agente de bienes & raíces

   b. Agente de transacción

Cuando le entreguen su forma de desglose de relaciones en bienes & raíces asegúrese de leerla cuidadosamente, y hágale preguntas a su agente de bienes & raíces.

¿Contrato de agencia?

El contrato de agencia es un acuerdo entre el comprador, y el bróker de bienes & raíces (la compañía de bienes & raíces). Este acuerdo no es con el agente de bienes & raíces. ¿Quién puede cancelar este contrato de agencia? Irónicamente para poder cancelar tiene que haber un acuerdo entre el cliente, y el bróker. El contrato de agencia existe para formalizar un acuerdo entre el comprador, y el bróker. Si el comprador tiene un contrato de agencia firmado ya no pueden andar de arriba para abajo buscando casas con otros agentes. En este contrato de agencia debe de aparecer una fecha de inicio, y de terminación del contrato.

Estas son algunas de las cosas que debe de poner atención, y hacer preguntas antes de firmar el contrato de agencia:

1. Cuando vaya a firmar el contrato de agencia le recomiendo que se reúnan en la oficina de bienes & raíces para que después de firmar le den copias de los documentos firmados. No le recomiendo que se reúnan en un lugar público pues lo más probable es que no le den copias de los documentos firmados.

2. No le recomiendo que firme digitalmente el contrato de agencia sin haberlo leído, y haber hecho preguntas al agente de bienes & raíces. Podría ser muy incómodo leer en su teléfono o computadora.

3. No firmar este documento con espacios en blanco, espere que el agente haya completado todos los espacios. Si quedan espacios en blanco el agente o usted pueden poner una rayita para que nadie pueda escribir cosas después de que usted haya firmado este documento.

4. Si no entiende el idioma inglés o si no entiende el documento pídale al agente que le haga una copia del documento para que usted se lo lleve a su casa para leerlo con calma. Otra opción sería pedirle a alguien de su confianza que le explique este documento. Finalmente, puede contratar a un abogado que le explique este documento.

5. Recomiendo hacer el contrato de agencia valido por solamente 120 días. Típicamente comprar una casa no toma 12 meses, y además en este periodo usted se puede dar cuenta si se siente bien trabajando con su agente. Si no le gusta cómo trabaja su agente de bienes & raíces, espere que se venza el contrato de agencia, y se busca a otro agente. También le puede pedir al agente que lo refiera con otro agente de bienes & raíces. Pero, si le gusta cómo trabaja su agente de bienes & raíces, entonces puede renovar el contrato de agencia antes de que se caduque (termine).

6. Preguntar cuanto es el costo de los servicios por ayudarle a buscar la casa. Esto debe de estar escrito en el contrato de agencia. Muchas compañías cobran dinero por este servicio. Algunos agentes abusivos le

cobran dinero adicional, y sumas muy altas. Si tiene dudas llame al bróker (jefe) del agente de bienes & raíces para verificar los costos en el contrato de agencia.

Tenga mucho cuidado con compañías pequeñas de bienes & raíces en las cuales el agente de bienes & raíces también es el bróker (me ha tocado ver algunos casos donde brókeres se han aprovechado del cliente cobrándole mucho dinero a los compradores). Es mejor usar compañías donde el agente de bienes & raíces no es el bróker, en otras palabras, es mejor cuando hay alguien supervisando al agente de bienes & raíces.

He conocido a agentes de bienes & raíces que también son bróker, y hacen muy buen trabajo, al final de cuentas tiene que ver con la honestidad de la persona, y también si hay un sistema de supervisión.

¿Quién es el agente de bienes & raíces?

El agente de bienes & raíces es un consejero, es un especialista en transacciones de compra/venta de casas, es la persona que conoce muy bien las áreas de la ciudad, y tiene la información que usted nunca va a encontrar en las páginas de la internet. El agente de bienes & raíces es la persona que le ayudara durante todo el proceso de compra, y después de la compra; el agente es su mejor aliado.

Los agentes de bienes & raíces están asociados con compañías de bienes & raíces conocidas como "brókeres." Realmente su contrato de agencia es con el bróker, y no con el agente de bienes & raíces. Siempre use los servicios de un agente de bienes & raíces para comprar o vender propiedades. ¡No re-invente la rueda!

¿Qué es lo que hace el agente de bienes y raíces?

Como había mencionado anteriormente el agente de bienes & raíces es un consejero, especialista en el proceso de compra/venta de casas. Nunca compre una casa sin la ayuda de una agente de bienes & raíces. El agente de bienes & raíces tiene acceso a información privilegiada, y sistemas de datos más detallados que los que ofrecen muchas páginas web (internet).

Prácticamente el servicio del agente de bienes & raíces es gratis para el comprador pues lo que se gana el agente lo paga el vendedor de la casa. Hay algunos brókeres que no le cobran nada al comprador, y hay otros que le cobran una suma minúscula comparada con los miles de dólares que se ahorra usando los servicios de un agente de bienes & raíces.

Estas son algunas de las funciones del agente de bienes & raíces:

1. Provee consejería durante todo el proceso de compra.

2. Recomienda instituciones financieras para obtener el préstamo hipotecario.

3. Localiza, y lo lleva a ver las casas que están de venta.

4. Hace estudios de mercadeo (estimado del valor de la casa).

5. Obtiene documentos antes de hacer las ofertas:

   a. Averigua por qué están vendiendo la casa.

   b. Obtiene copia de las inspecciones anteriores.

   c. Obtiene documentos de información de la condición de la casa (seller's disclosure, lead based paint addendum, etc.).

   d. Averigua si hay que pagar asociación de vecinos.

   e. Averigua si la casa está en área de inundaciones.

   f. Obtiene información del costo de los impuestos de la propiedad.

6. Le aconseja, y prepara el contrato de compra.

7. Negocia el contrato de compra.

8. Le recomienda otros proveedores como inspectores, compañías aseguradoras de casas, y compañías de títulos.

9. Le ayuda a re-negociar después de la inspección.

10. Le recomienda otros proveedores como electricistas, plomeros, carpinteros, handy-man, etc.

11. Coordina con el banco, y las compañías de títulos durante todo el proceso.

12. Lo acompaña durante la re-inspección.

13. Lo acompaña durante la caminata final antes del cierre.

14. Lo acompaña durante el cierre

15. Es la persona que le entrega las llaves de la casa después del cierre.

16. Es la persona que usted va a llamar después del cierre a hacer preguntas relacionadas con la casa. Posiblemente este agente sea su agente de por vida.

¿Cómo contratar al agente de bienes y raíces?

Posiblemente la contratación del agente de bienes & raíces es la parte más importante del proceso; el agente es la persona que lo va a aconsejar, y defenderá sus intereses durante todo el proceso de compra. Recuerde que usted es el jefe del proyecto de la compra de la casa, y el agente de bienes & raíces es un consejero el cual trabaja para usted. No permita que el agente de bienes & raíces tome las decisiones por usted, o que lo presione. Recomiendo que entreviste al menos a 3 agentes de bienes & raíces, haga preguntas inteligentes, escriba las respuestas, compare, y después seleccione a uno de los agentes que entrevisto. Estas son algunas de las preguntas que le puede hacer al agente de bienes & raíces:

1. ¿Me podría explicar por favor el proceso de compra de una casa? Ponga atención si el agente se toma el tiempo para explicarle.

2. ¿Me podría explicar el contrato de agencia?

3. ¿Es usted una persona paciente?

4. ¿Cuantos años de experiencia tiene trabajando como agente de bienes & raíces? No es un secreto la practica hace al maestro, es importante contratar a una persona con experiencia.

5. ¿Usted trabaja tiempo completo o medio tiempo? Cuando el agente trabaja medio tiempo posiblemente no tenga muchas opciones de disponibilidad para ver casas.

6. ¿Qué tanto sabe usted de casas

7. ¿Qué hacía antes de vender casas?

8. ¿Por qué debo de contratarlo a usted, y no a otro agente de bienes & raíces?

9. ¿Qué me puede ofrecer que otros agentes no me pueden ofrecer?

10. ¿Me podría pasar tres referencias de personas que han trabajado con usted este año?

Asegúrese de tomar notas durante las entrevistas con los agentes de bienes & raíces. Después de haber entrevistado a los agentes, revise sus notas, y tome la decisión de contratar a uno de ellos.

CAPITULO 3

PRESTAMO HIPOTECARIO

No es un secreto que las finanzas controlan el proceso de la compra de una vivienda desde el inicio; si usted no está pre-calificado para un préstamo hipotecario no tendría sentido andar buscando la casa. Por esta razón es muy importante obtener una carta de pre-calificación antes de comenzar la búsqueda de la casa.

¿Quién puede obtener un préstamo hipotecario?

En Estado Unidos prácticamente cualquier persona mayor de 18 años, y responsable puede obtener un préstamo hipotecario. Personas con los siguientes estatus legales podrían calificar para un préstamo hipotecario:

1. Ciudadanos americanos.

2. Residentes permanentes de Estados Unidos.

3. Personas con permiso temporal de trabajo.

4. Personas con el número de impuestos (ITIN).

5. Extranjeros con visas de trabajo.

La aprobación de un préstamo hipotecario depende de muchos factores, y estos son algunos de esos factores:

1. Capacidad de pago.

2. Récord crediticio (récord de su crédito).

3. Hábitos de ahorro.

4.   Valor, y condición de la casa.

En resumen, hay muchas opciones de préstamos, y lo que va a determinar si le prestan el dinero, o no tiene que ver con qué nivel de riesgo usted representa (si va a poder pagar el préstamo).

¿Cuándo aplicar para el préstamo?

Es muy importante saber cuándo aplicar para el préstamo hipotecario para reducir riesgos, y maximizar beneficios. Considere estas cosas antes de aplicar para un préstamo hipotecario:

1.   Primera vez aplicando para un préstamo hipotecario: Recomiendo que aplique al menos un año antes de comprar la casa para ver si califica, o si necesita hacer algunas modificaciones a su crédito, ingresos o deudas. En otras palabras, hacer una calificación de prueba. Asumiendo que le dijeron que si lo califican entonces espere que falten unos 3 o 4 meses antes de que termine su contrato de renta para aplicar de nuevo con el banco, y obtener una carta de crédito más reciente (carta de pre-calificación). Después de haber obtenido la carta de pre-calificación entonces puede comenzar a buscar la casa.

2.   Segunda vez aplicando para un préstamo hipotecario (compro anteriormente con préstamo): Recomiendo que aplique al menos unos 3 o 4 meses antes de que se le termine su contrato de renta (asumiendo que tiene buen crédito, ingresos y poca deuda). Si usted ya es propietario de una casa que compro financiada por un banco entonces aplique cuando usted quiera.

Estas son algunas de las razones del porque aplicar para el préstamo hipotecario con un año de anticipación:

1. Errores en su crédito: En algunos casos hay errores que necesitan ser corregidos (típicamente errores clérigos de las compañías de crédito). Muchas veces las personas se dan cuenta de estos errores hasta cuando aplican para préstamos.

2. Colecciones: En algunos casos usted puede tener una colección de la cual no se acuerda (algún pago que no le llego al acreedor).

3. Prestó su crédito: No recomiendo que preste su crédito a nadie. Esto podría afectar su capacidad de pagos en un futuro, y podría prevenir que pueda usar su crédito cuando lo necesite.

4. Pocas líneas de crédito: Las líneas de crédito deben de tener al menos 12 meses de existencia para que el banco las pueda considerar líneas de crédito útiles.

5. Robo de identidad: Cada día es más común escuchar de casos de robo de identidad. Esto podría afectar seriamente su capacidad para poder comprar una casa.

6. Pocos ingresos, y mucha deuda: Típicamente casos así son rechazados. Tiene que bajar la deuda, y mejorar los ingresos.

7. Muchos ingresos, y mucha deuda: Típicamente un caso como estos requiere evaluación adicional. Bajar la deuda podría facilitar la aprobación.

8. Fracción de deuda versus ingresos: Esta fracción idealmente debería de ser de menos del 35%. Si esta fracción es más alta entonces hay que pagar las deudas para que la fracción baje a menos del 35%. Hay bancos que son más conservadores, y quieren una fracción más baja del 35%.

$$\frac{Deuda}{Ingresos} < 35\%$$

¿Dónde buscar el préstamo?

Erróneamente muchas personas piensan porque han tenido sus cuentas bancarias en un banco por muchos años, esto les ayudará a obtener un préstamo hipotecario más fácilmente. Lamentablemente, el único beneficio es que el banco puede obtener copias de sus estados de cuentas más rápido.

Hay muchos lugares donde usted puede gestionar el préstamo, pero básicamente casi todos tienen los mismos requisitos. Algunos de los lugares donde puede gestionar préstamos hipotecarios son los siguientes:

1.   Agencias del gobierno (Fannie Mae, Freddie Mac, HUD, USDA, VA, etc.).

2.   Agentes de hipotecas (Mortgage Brokers).

3.   Asociación de ahorros y préstamos (Savings & Loans).

4.   Bancos.

5.   Compañías de seguros.

6.   El vendedor de la casa.

7.   Familiares y amistades.

8.   Organizaciones de no lucro.

9.   Uniones de crédito (Credit Union).

No todos los bancos son iguales; hay bancos que se especializan en préstamos hipotecarios, préstamo de automóvil, servicios de cuentas bancarias, etc. Recomiendo que aplique en 3 bancos para gestionar el préstamo hipotecario, pero asegúrese de hacerlo en un periodo de menos de 10 días.

Recomiendo que le pregunte a su agente de préstamos en que ciudad está localizado el departamento de aprobaciones (under-writing) de préstamos del banco. Si el departamento de aprobaciones está localizado en la misma ciudad, y es un banco pequeño probablemente sea más rápido el proceso de aprobación.

Si el departamento de aprobaciones está localizado en otro estado, y es un banco grande probablemente sea más lento el proceso de aprobación.

Tipos de préstamos

Los dos préstamos más comunes son los prestamos convencionales, y los prestamos FHA (Federal Housing Authority). Estos son los préstamos más comunes:

1. Convencionales.

2. Asegurados por el gobierno o garantizado (USDA, VA, FHA).

3. Programas especiales para compradores de ingresos bajos o que nunca han tenido casa propia (Fannie Mae, Freddie Mac).

4. Prestamos de portafolio.

5. Préstamos con el número del IRS (ITIN).

6. NACA

¿Cuál banco escoger?

Asumo que usted ha obtenido 3 cartas de crédito de 3 instituciones financieras. El primer error es creerse que el interés que está escrito en la carta de crédito (pre-calificación) es el interés que le va a cobrar el banco (ese interés no está garantizado). Los bancos amarran

(garantizan/reservan) el interés hasta que el cliente presente un contrato ratificado (firmado por el comprador, y vendedor).

Entonces la pregunta que le debe de hacer a los bancos es la siguiente: ¿Si hoy me amarras el interés cual sería ese interés? Basado en la respuesta de los bancos entonces ahora si puede comparar el interés que le ofrece cada banco, y escoger el que más le convenga.

Además del interés, usted debe de preguntar cuanto le están cobrando por generar el préstamo hipotecario (conocidos como costos de cierre). Recomiendo que le provea a los agentes de préstamos información hipotética de la casa que va a comprar. Por ejemplo, precio de compra, costo de los impuestos de la propiedad, costo del seguro de la propiedad, costo de la asociación de vecinos si es aplicable, etc. Una vez que los agentes de préstamos tienen toda la toda la información ellos le pueden dar estimados de los costos totales; entonces usted puede comparar, y escoger el banco que le conviene.

Muchas veces no hay mucha diferencia entre los costos e intereses que cobran los bancos. Si los costos son iguales o muy similares entonces compare la calidad de servicio que ofrece el agente de préstamos (por ejemplo, regresa llamadas, le explica respecto al proceso, es claro con sus explicaciones).

Básicamente, una vez que ya tiene la primera carta de crédito (pre-calificación) usted pude ir a ver casas, y deje la decisión final de cual banco va a utilizar hasta que ya tenga una casa bajo contrato.

Requisitos del banco para empleados

Estos son los requisitos más comunes para personas que trabajan para compañías, y le pagan con cheques de compañía (donde le hacen deducciones, y le dan la forma W-2 a fin de año):

1. Copia de su identificación (por ejemplo, pasaporte, licencia de conducir, matricular consular, etc.).

2. Copia de su tarjeta de residencia o permiso temporal.

3. Copias de los talones de cheques de los pagos de su trabajo de los últimos 30 días.

4. Copias de los estados de las cuentas financieras de los últimos 2 meses (cuentas de cheques, y ahorros).

5. Copias de los impuestos de los últimos 2 años.

6. Copias de su plan de retiro (si tiene 401K u otro programa).

7. Historial de trabajo de los últimos 2 años

8. Historial de vivienda de los últimos 2 años

Requisitos del banco para dueños de compañías

Estos son los requisitos más comunes para personas que tienen su propio negocio o personas que son subcontratistas de otros contratistas (Cuando reporta sus ingresos usa la forma 1099):

1. Artículos de incorporación de la compañía.

2. Número de identificación de los impuestos de la compañía (ETIN) o su número de seguro social si no tiene ETIN.

3. Copia de la identificación del propietario de la compañía (por ejemplo, pasaporte, licencia de conducir, matricular consular, etc.).

4. Copia de la tarjeta de residencia del propietario de la compañía (en algunos casos).

5. Copias de los estados de las cuentas financieras de los últimos 2 o 12 meses personales y de la compañía (cuentas de cheques, y ahorros).

6. Copias de los impuestos de los últimos 3 años.

7. Historial de trabajo de los últimos 3 años

8. Historial de vivienda de los últimos 2 años

El dinero para el enganche

No se crea el cuento de que puede comprar una casa sin poner nada de enganche. Si la persona tiene buen crédito, buenos ingresos, y pocas deudas entonces el banco podría pedirle que ponga solamente el 3% de enganche.

Todos tenemos que ahorrar dinero a través de los años para el enganche de la casa por eso hay que tener disciplina de ahorro. Todo en la vida cuesta, y si no cuesta no se aprecia su valor.

El dinero para el enganche ya debe de estar en su cuenta del banco al menos unos 3 o 4 meses antes de aplicar por el préstamo. Recomiendo que ahorre un mínimo de un 5% del precio de compra de la casa para pagar los costos de cierre. Lo ideal sería ahorrar un 20% del precio de compra de la casa para no tener que pagar el seguro hipotecario (mortgage insurance), esto le ahorraría miles de dólares. Además, debe de ahorrar entre $ 5,000.00 y $7,000.00 para pagar los costos de cierre, y pre-pagados. Recuerde que familiares cercanos a usted podrían contribuir con donaciones para ayudar con el enganche de la casa.

La carta de pre-calificación

Antes de ir a buscar casas usted debe de obtener una carta de pre-calificación de un banco. Típicamente el proceso para obtener la carta de pre-calificación de un préstamo hipotecario funciona de esta forma:

1. Hacer cita con el agente de préstamo (banco)

2. Llenar la aplicación de préstamo hipotecario

3. Llevar a la cita los siguientes documentos:

    a. Identificación, podría ser licencia de conducir, ID del estado, pasaporte, o matricula consular.

    b. Tarjeta de su número de seguro social.

    c. Tarjeta de residencia o permiso de trabajo.

    d. Impuesto de los últimos 2 años incluyendo la forma W-2 o la forma 1099.

    e. Estados de cuenta del banco de los últimos 2 meses.

Durante la cita el agente de préstamos obtendrá su reporte de crédito, y lo revisará para determinar si le puede o no emitir una carta de pre-calificación.

Estos son algunos de los factores que serán evaluados por su agente de préstamos:

1. Historia crediticia

2. Ingresos

3. Egresos (deudas)

4. Ahorros (reservas de dinero)

El banco puede tomar de 3 a 7 días en emitir la carta de pre-calificación. Si lo aprueban entonces el banco emitirá una carta de pre-calificación (crédito). Pero si no lo aprueban el banco emitirá una carta de negación. Si por alguna razón no lo pre-califican es muy importante que usted se reúna con el agente de préstamo para que le explique por qué razón no lo aprobaron, y pregunte qué es lo que tiene que hacer para que lo puedan calificar en un futuro.

No cometa el error de ir de banco en banco aplicando, y obteniendo negaciones, pues esto afecta su crédito.

La carta de pre-calificación contiene información importante la cual usted debe de entender muy bien antes de salir a buscar la casa. Estas son algunas de las cosas que usted debe de revisar en su carta de pre-calificación:

1. Nombre, asegurarse que su nombre este bien escrito (deletreado).

2. Tipo de préstamo, debe de saber si su préstamo es convencional, FHA, VA, etc.

3. Monto del préstamo, necesita saber por cuanto lo han pre-calificado.

4. El interés que le cobrarían (aproximadamente).

5. El plazo del préstamo (por cuantos años le van a financiar el préstamo).

6. Enganche, necesita saber cuánto dinero necesita para el enganche. Típicamente esto se escribe como un porcentaje del monto del precio de

compra. Por ejemplo, si el precio de compra de la casa el $ 100,000 y el enganche que necesita es el 10% entonces la cantidad de dinero que necesita para el enganche seria $ 10,000.

Basado en el préstamo que usted tiene averigüe que cantidad máxima de dinero usted le puede pedir al vendedor que contribuya para sus costos de cierre.

Después de haber obtenido la carta de pre-calificación entonces este es el momento de ir a buscar la casa.

Otras cosas que debe saber

La razón por la cual el banco le pide documentos es para verificar información de sus finanzas, historial de crédito, historial de trabajo, historial de renta, etc. Estas son algunas recomendaciones que debe de considerar durante el préstamo hipotecario:

1. No renuncia a su trabajo, esto puede causar que le cancelen el préstamo.

2. No se cambien de compañía de trabajo, esto puede cause que le cancelen el préstamo.

3. No compre cosas al crédito durante el proceso del préstamo hipotecario.

4. No aplique para abrir nuevo crédito (tarjetas de crédito, préstamos de carros, etc.).

5. No le preste su crédito a ninguna otra persona.

6. No deposite largas sumas de dinero en efectivo en la cuenta del banco.

7. No saque largas sumas de dinero en efectivo de la cuenta del banco.

CAPITULO 4

EL PROCESO DE COMPRA

¿Cómo comenzar el proceso de compra?

El erro más común de las personas es comenzar a buscar la casa en las páginas de la internet, o buscar la casa por su cuenta manejando por las calles sin haber obtenido una carta de crédito (pre-calificación) del banco; lo primero que tiene que hacer es averiguar si puede obtener un préstamo hipotecario, y después buscar la casa (en otras palabras, no poner la carreta en frente de los caballos). Las dos opciones más comunes para comenzar el proceso de compra son:

1. Opción # 1: Buscar a un agente de bienes & raíces; el agente de bienes & raíces lo puede referir con los bancos para obtener las cartas de crédito (las cartas de pre-calificación). Una vez con las cartas de pre-calificación ya puede ir a buscar la casa con su agente de bienes & raíces.

2. Opción # 2: Aplicar con varios bancos (al menos 3 bancos) para obtener la carta de crédito (las cartas de pre-calificación). Una vez que tiene las cartas de pre-calificación usted puede buscar casas por su cuenta, o contratar a un agente de bienes & raíces. El agente de crédito lo puede referir con algunos agentes de bienes & raíces. Le recomiendo que contrate a un agente de bienes & raíces (no compre la casa sin la ayuda de un profesional).

Personalmente prefiero la primera opción por las siguientes razones:

1. El agente de bienes & raíces lo puede referir a los bancos más compatibles con su situación financiera. Por ejemplo, hay agentes de préstamos que se especializan en préstamos FHA o VA. Hay agentes que préstamos que son bilingües. También considere que no todos los bancos prestan dinero para persona con el # de ITIN.

2. El agente de bienes & raíces lo puede referir con bancos que son más flexibles con sus requerimientos (no todos los bancos son iguales).

3. El agente de bienes & raíces lo puede referir con bancos que tienen programas especiales de financiamiento o contribuciones monetarias para su beneficio. Por ejemplo, programas donde no le cobran el seguro hipotecario (esto puede ser un ahorro de $ 100 a $ 200 mensuales).

Creando su equipo de trabajo

Comprar una casa es un proyecto muy importante, y usted es la persona que tiene que escoger, y contratar a varios profesionales para formar un equipo de trabajo; en otras palabras, usted tiene que saber cómo escoger, y a quien escoger. Contrate a personas honestas, con integridad, y que tengan mucha experiencia en el negocio de compra/venta de casas. No puede confiar ciegamente que todas las personas son buenas, y honestas; por esta razón necesita educarse para tomar decisiones inteligentes.

No contrate a personas que son muy cercanas a usted como familiares, o amistades pues casi siempre las relaciones interpersonales terminan afectadas. Tampoco contrate a personas solamente porque hablan su idioma. Estas son algunas de las personas, o compañías que usted va a contratar durante el proceso de compra de la casa:

1. Agente de bienes & raíces (corredor): Debe de entrevistar a varios, y eventualmente contratar a uno de ellos.

2. Agente de préstamos (banco): Debe de entrevistar a varios, y eventualmente contratar a uno de ellos.

3. Agente de seguros de casas: Recomendado por el agente de bienes & raíces, o usted busque por su cuenta. Debe de entrevistar varios y obtener varias cotizaciones.

4. Agente de la compañía de títulos: Recomendado por el agente de bienes & raíces, o usted busque por su cuenta.

5. Inspector de casas: Recomendado por al agente de bienes & raíces, o usted busque por su cuenta (usted lo contrata, y no el agente de bienes

& raíces). Debe de entrevistar a varios antes de tomar la decisión de a quien contratar.

6. Tasador de casas: Contratado por el banco. No lo puede escoger usted pues, afectaría la opinión del tasador.

7. Compañía de garantías (home warranty): Recomendado por el agente de bienes & raíces. El agente de bienes & raíces se encarga de ordenar la póliza. Pida una copia de las coberturas de la póliza y la lee bien antes del cierre. Llame a la compañía de garantías a hacer preguntas del plan de coberturas antes del cierre.

8. Topógrafo (Surveyor): En algunos casos. Lo puede contratar antes o después de haber comprado la casa.

9. Abogado (en algunos casos).

10. Ingeniero estructural: En algunos casos. Lo debe de contratar durante el periodo de inspecciones o antes del cierre de la transacción.

Recuerde que usted es el administrador del proyecto de compra de la casa, y debe de saber cómo contratar a todos estos profesionales o compañías. Si usted no tiene el conocimiento podría cometer errores contratando a las personas equivocada; edúquese bien antes de tomar decisiones. Las casas se pueden comprar en efectivo o financiadas. El financiamiento puede ser a través de bancos o individuos (el dueños de la casa lo puede financiar).

Comprando financiado por un banco

Cuando se compra financiado a través de un banco o financiado por el vendedor de la casa usted debe de poner un enganche (prima, dinero de entrada). Además, tendrá que pagar intereses del préstamo hipotecario, y si pone menos del 20% de enganche tendrá que pagar un seguro hipotecario (llamado Mortgage insurance).

Cuando se compra en efectivo no se pagan intereses, y tampoco se paga seguro hipotecario. Lo ideal es comprar en efectivo, pero si no se puede entonces trate de poner un enganche equivalente al 20% del precio de compra de la casa para no pagar el seguro hipotecario (esto le podría ahorrar entre $100.00 a $ 200.00 mensuales).

Finalmente, si no tiene suficiente dinero para poner un 20% de enganche entonces ponga lo más que usted pueda de enganche para que su préstamo sea por menos dinero, y así se ahorra dinero en interés del préstamo.

Recomiendo este proceso cuando compre la casa con un préstamo hipotecario:

Paso # 1: Reunirse con su agente de bienes & raíces; pídale a su agente que lo refiera con varios bancos para obtener varias cartas de pre-calificación.

Paso # 2: Reunirse con varios agentes de préstamos; obtenga varias cartas de pre-calificación, y estimados de los costos del préstamo. Comparta las cartas de pre-calificación con su agente de bienes & raíces.

Paso # 3: Reunirse de nuevo con el agente de bienes & raíces para revisar las cartas de pre-calificación, y ponerse de acuerdo respecto al proceso de búsqueda de la casa. Recomiendo que le provea esta información a su agente de bienes & raíces:

1. Días, y horas que está disponible para ir a ver casas.

2. Áreas donde quiere vivir.

3. Distancia de la nueva casa respecto a la escuela de sus hijos.

4. Distancia de la nueva casa respecto a su trabajo.

5. Número de dormitorios, y distribución de los dormitorios: Si usted tiene niños pequeños le recomiendo que los dormitorios de los niños estén junto al dormitorio de los padres. Si los hijos ya están grandes entonces la distribución de los dormitorios no debería de ser ningún problema.

6. Número de baños, y distribución de los baños: Si usted quiere una casa con dos baños es muy importante que le comunique a su agente si prefiere que uno de esos baños este localizado adentro del dormitorio principal (master bedroom).

7. Estilo de la casa: Si no sabe de estilos de casas pregúntele a su agente o busque en el internet ejemplos de estilos de casas. Cada uno tiene sus ventajas, y desventajas.

8. Escaleras interiores: Si quiere la casa con o sin escaleras interiores.

9. Escaleras exteriores: Si quiere la casa con o sin escaleras exteriores.

10. Sótano (basement): Si quiere la casa con o sin sótano (basement).

11. Garaje: Si quiere la casa con o sin garaje. También clarifique si quiere garaje para uno o dos vehículos (carros). Además, asegúrese de que su vehículo pueda entrar en garaje de la nueva casa.

12. Terreno: ¿Cuánto terreno quiere que tenga la propiedad? Clarifique si quiere que el terreno este cercado.

13. Casa esquinera: Clarifíquele a su agente si no quiere comprar una casa esquinera. Lo negativo de las casas esquineras es que pierden mucho del terreno en el frente de la casa.

14. Autopistas/Ferrocarriles: Indíquele a su agente si usted no quiere comprar una casa que este junto a una autopista o línea de ferrocarril (tren).

15. Tanque séptico: Clarifique si no quiere comprar una casa que tiene un tanque séptico.

16. Cualquier otra cosa que sea importante para usted.

Una vez que le haya comunicado toda la información a su agente de bienes & raíces entonces ya están listos para ir a buscar la casa.

Paso # 4: Salir a buscar la casa, y hacer la oferta cuando haya encontrado la casa; si su oferta es aceptada entonces ahora tiene un contrato ratificado. Tiene muchas cosas que hacer, y su tiempo es limitado.

Paso # 5: Una vez que ya tenga un contrato ratificado (firmado por el comprador, y vendedor); el agente de bienes & raíces le enviará el contrato a las siguientes entidades:

1. El banco que le está prestando el dinero.

2. Compañías de títulos que van a ayudar al comprador, y al vendedor (puede ser la misma en algunos casos).

3. El comprador & vendedor.

4. Las compañías de bienes raíces (brókeres), y agentes de bienes & raíces del comprador, y el vendedor.

Paso # 6: Busque una compañía de seguros para asegurar la casa; primero consulte con la compañía de seguros que usa para sus carros, y después busque otras opciones. Pídale a su agente de bienes & raíces que le de una copia de un documento llamado "desglose de la condición de la casa (seller's disclosure); en este documento puede encontrar mucha información que le va a preguntar el agente de seguros. Estas son algunas de las preguntas que las compañías de seguros le podrían hacer:

1. ¿Cuál es la capacidad de la caja eléctrica principal?

2. ¿Es la caja eléctrica principal de breakers o de fusibles?

3. ¿Hay cables eléctricos de aluminio en la casa?

4. ¿Cuál es la edad del aire acondicionado, y calefacción?

5. ¿Cuál es la edad del calentador de agua?

6. ¿Cuál es la edad del techo?

7. ¿Qué tipo de material, y número de capas tiene el techo?

8. ¿Cuál es la edad, y estilo de la casa?

9. ¿Cuantos pies cuadrados tiene la casa?

10. ¿Qué tipo de material tienen las paredes exteriores?

11. ¿De qué tipo de material son los tubos de distribución de agua?

12. Confirmar si la casa tiene una bomba sumergible de fundación en el sótano (sump pump).

Cuando haya escogido la compañía de seguros por favor dígale al agente de seguros que le envíe al banco, y a la compañía de título el certificado de seguro, y estimado de costo del seguro. Recomiendo que escoja la compañía de seguros rápido pues su agente de préstamos está esperando por esta información para poder continuar el proceso de finanzas.

Paso # 7: La inspección de la casa; contrate a un inspector con credenciales, certificado, y con mucha experiencia inspeccionando casas. Estas son cosas que necesita saber:

1. El tiempo que tiene para hacer inspecciones es limitado, típicamente usted tiene 10 días para hacer inspecciones (en otras partes del país puede tener más o menos días disponibles). Pregúntele a su agente de bienes & raíces cuantos días tiene para hacer inspecciones.

2. Pregúntele a su agente que tipo de inspecciones puede hacer. Algunas de las inspecciones que puede hacer son:

   a. Asbestos

   b. Chimenea

   c. Electromecánica

   d. Estructural

   e. Moho

   f. Plomo

   g. Radón

    h.   Termitas

    i.   Drenaje principal

Decida qué tipo de inspecciones va a hacer, y recuerde que el tiempo para hacer inspecciones es limitado. Recomiendo que como mínimo haga las siguientes inspecciones:

1. Estructural

2. Electromecánica

3. Termitas

4. Radón

Pídale a su agente una lista de inspectores. También usted puede buscar inspectores por su cuenta. Visite esta página para localizar inspectores certificados de ASHI (www.ashi.org).

No todos los inspectores son iguales; busque un inspector con al menos 5 años de experiencia, que tenga buena comunicación verbal, y por escrito. No escoja al inspector basado en el precio que cobra por las inspecciones (casi siempre lo barato sale caro).

Usted debe de escoger al inspector (no permita que el agente de bienes & raíces escoja al inspector). Busque a un inspector que sea honesto, y que trabaje para usted y no para el agente de bienes & raíces.

Paso # 8: Después de la inspección usted necesita tomar una decisión; cancelar o continuar el proceso de copra

1. Cancelar la compra si la casa está en muy mala condición (asumo que el vendedor no quiere hacer reparaciones) – típicamente para poder cancelar necesita haber hecho la inspección en los primeros 10 días (en algunos casos puede tener menos de 10 días para hacer inspecciones, consulte con su agente de bienes & raíces).

2. Renegociar con el vendedor reparaciones, precio de venta o dinero para costos de cierre. Después de haberle presentado el reporte de inspección al vendedor, típicamente tiene 5 días para llegar a un acuerdo

(en algunos casos puede tener menos de 5 días para llegar a un acuerdo, consulte con su agente de bienes & raíces).

Paso # 9: Reunión con el agente de préstamos; después de que su agente de préstamos haya recibido una copia del contrato de compra ratificado, entonces su agente de préstamos lo llamara a la oficina, y le presentara los siguientes documentos:

1. Estimado de todos los gastos relacionados con el préstamo.

2. Documento donde usted autoriza al banco que le ayude con el préstamo. Tendrá que firmar este documento si esa de acuerdo en usar a ese banco.

3. Posiblemente le pidan un cheque para pagar la tasación (valorización) de la casa.

4. Posiblemente le van a pedir estos documentos:

    a. Talones de cheques del trabajo de los últimos 30 días.

    b. Estados de todas las cuentas del banco de los últimos 2 meses.

    c. Impuesto de los últimos 2 años.

    d. Información de su empleador, y de la persona (compañía) que le está rentando donde vive.

Si usted tiene su propio negocio entonces el banco le podría pedir 3 años de copias de los impuestos, y además hasta 12 meses de estados de cuenta del banco (personal, y del negocio).

Note que el paso # 9 podría ser antes o después del paso # 7 dependiendo de la rapidez con que se programe la inspección o la reunión con su agente de préstamos.

Paso # 10: Trabajo de títulos; las compañías de títulos típicamente comienzan a trabajar el mismo día que reciben el contrato de compra. Estas son algunas de las cosas que hacen las compañías de títulos:

1.   Reciben el cheque que acompaña al contrato, y lo depositan en una cuenta de custodia (este es el cheque que escribió cuando se hizo la oferta de compra); en algunos casos el cheque lo puede guardar el bróker de bienes & raíces que está representando al vendedor de la casa; ese dinero debe de estar en una cuenta de custodia.

2.   Determinan quien o quienes son los dueños de la propiedad.

3.   Averiguan si los impuestos de propiedad están pagados o no. Si no están pagados ellos averiguan cuánto dinero tiene que pagar el vendedor para entregarle un título limpio.

4.   Averiguan si el título de la propiedad tiene problemas que deben de ser arreglados antes del cierre.

5.   Preparan los documentos de cierre

6.   Hacen el cierre; en algunos casos el banco que le está prestando el dinero hace el cierre.

Paso # 11: La tasación de la casa; el banco envía al tasador (evaluador) para determinar el valor de la casa (típicamente esto se hace de 2 a 3 semanas antes del cierre). Estas son algunas de las cosas que pueden pasar después de la tasación:

1.   La casa se valoriza por el precio de venta: Excelente, entonces el proceso continuara.

2.   La casa se valoriza por más del precio de venta: Excelente, entonces el proceso continuara. El comprador no está obligado a pagar más dinero si la casa se valoriza por más dinero.

3.   La casa no se valoriza por el precio de venta: Habrá que negociar con el vendedor que baje el precio de venta, pero si no quiere colaborar entonces le recomiendo que cancele la compra de la casa. Pero, si a

usted le gusta mucho la casa, y la diferencia entre el precio de venta, y lo que se valoriza no es mucho entonces usted podría poner dinero de su bolsa para cubrir la diferencia, y que se haga la transacción.

4. El tasador podría determinar que la casa está en área de inundaciones, y usted tendrá que comprar un seguro de inundaciones. Este es un seguro adicional al seguro regular de la casa.

5. El tasador podría pedir evaluaciones adicionales de otros profesionales como:

     a. Inspección estructural.

     b. Inspección de moho.

     c. Inspección de techo.

Paso # 12: La re-inspección; si le pidió al vendedor que hiciera reparaciones entonces le recomiendo que contrate al mismo inspector que hizo la inspección para que regrese a hacer una re inspección al menos 10 días antes del cierre.

Paso # 13: Siete días antes de cierre llame a las compañías de utilidades para transferir los servicios a su nombre (por ejemplo, electricidad, agua, y gas). Pida que le transfieran los servicios un día antes del cierre o el mismo día del cierre.

Paso # 14: Dos o tres días antes del cierre visite la casa que está comprando con su agente de bienes & raíces para hacer una "caminata/revisión final," (walk-thru) de la casa.

Paso # 15: Tres días antes de cierre el agente de préstamos del banco lo va a llamar para presentarle un documento llamado "desglose de cierre," (Closing Disclosure). Lo revisa, y lo firma si todo está bien.

Paso # 16: Después de haber firmado el "desglose de cierre," (Closing Disclosure) compre un cheque de cajero (en el banco) pagadero a nombre de la compañía de título que le indique el banco o la compañía de títulos. Asegúrese de comprarlo por la suma exacta, y que el nombre del beneficiario sea el correcto (el nombre del que recibirá ese cheque típicamente es el nombre de la compañía de títulos que hará su cierre).

Paso # 17: Preséntese 15 minutos antes del cierre en la localidad que le indicó su agente de bienes & raíces o su agente de préstamos. No se olvide de llevar lo siguiente al cierre:

1. Identificación vigente (no vencida/expirada), pude ser su licencia, pasaporte, matricular consular, etc.

2. Cheque de cajero o trasferencia electrónica (en algunos casos puede hacer transferencia electrónica de fondos de su banco a el banco de la compañía de títulos).

3. Si está casada(o) asegúrese de que su esposa(o) esté presente durante el cierre, y también necesita llevar su identificación. El esposo o esposa debe de estar presente durante el cierre, aunque uno de ellos no esté en el préstamo hipotecario.

Comprando en efectivo

El error más común que comente los compradores que compran en efectivo es que piensan que no hay que hacer nada pues no tienen un préstamo hipotecario. Recuerde que los bancos tienen mucha experiencia, y se protege con inspecciones, y valorización ¿Por qué razón usted no se protege? Siga los mismos pasos que hace el banco para protegerse. No arriesgue ese dinero que tanto le ha costado ahorrarlo. Estos son los pasos que recomiendo cuando compre en efectivo:

Paso # 1: Reunirse con su agente de bienes & raíces; proveerle copias de los estados de cuenta del banco donde usted tiene guardado el dinero que va a usar para comprar la casa. Asegúrese de cubrir con un marcador los últimos 4 dígitos de la cuenta del banco escrita en el estado de cuenta. Ponerse de acuerdo con su agente respecto al proceso de búsqueda de la casa. Recomiendo que le provea esta información a su agente de bienes & raíces:

1. Días, y horas que está disponible para ir a ver casas.

2. Áreas donde quiere vivir.

3. Distancia de la nueva casa respecto a la escuela de sus hijos.

4. Distancia de la nueva casa respecto a su trabajo.

5. Número de dormitorios, y distribución de los dormitorios: Si usted tiene niños pequeños le recomiendo que los dormitorios de los niños estén junto al dormitorio de los padres. Si los hijos ya están grandes entonces la distribución de los dormitorios no debería de ser ningún problema.

6. Número de baños, y distribución de los baños: Si usted quiere una casa con dos baños es muy importante que le comunique a su agente si prefiere que uno de esos baños este localizado adentro del dormitorio principal (master bedroom).

7. Estilo de la casa: Si no sabe de estilos de casas pregúntele a su agente o busque en el internet ejemplos de estilos de casas. Cada uno tiene sus ventajas, y desventajas.

8. Escaleras interiores: Si quiere la casa con o sin escaleras interiores.

9. Escaleras exteriores: Si quiere la casa con o sin escaleras exteriores.

10. Sótano (basement): Si quiere la casa con o sin sótano (basement).

11. Garaje: Si quiere la casa con o sin garaje. También clarifique si quiere garaje para uno o dos vehículos (carros). Además, asegúrese de que su vehículo pueda entrar en garaje de la nueva casa.

12. Terreno: ¿Cuánto terreno quiere que tenga la propiedad? Clarifique si quiere que el terreno este cercado.

13. Casa esquinera: Clarifíquele a su agente si no quiere comprar una casa esquinera. Lo negativo de las casas esquineras es que pierden mucho del terreno en el frente de la casa.

14. Autopistas/Ferrocarriles: Indíquele a su agente si usted no quiere comprar una casa que este junto a una autopista o línea de ferrocarril (tren).

15. Tanque séptico: Clarifique si no quiere comprar una casa que tiene un tanque séptico.

16. Cualquier otra cosa que sea importante para usted.

Una vez que le haya comunicado toda la información a su agente de bienes & raíces entonces ya están listos para ir a buscar la casa.

Paso # 2: Salir a buscar la casa, y hacer la oferta cuando la haya encontrado; si su oferta es aceptada entonces ahora tiene un contrato ratificado. Tiene muchas cosas que hacer, y su tiempo es limitado.

Paso # 3: Una vez que ya tiene un contrato ratificado (firmado por el comprador, y vendedor); el agente de bienes & raíces le enviará el contrato a las siguientes entidades:

1. Compañías de títulos que van a ayudar al comprador, y al vendedor (puede ser la misma en algunos casos).

2. El comprador & vendedor.

3. Las compañías de bienes raíces (brókeres), y agentes de bienes & raíces del comprador, y el vendedor.

Paso # 4: Busque una compañía de seguros para asegurar la casa; primero consulte con la compañía de seguros que usa para sus carros, y después busque otras opciones. Pídale a su agente de bienes & raíces que le dé una copia de un documento llamado "desglose de la condición de la casa (seller's disclosure); en este documento puede encontrar mucha información que le va a preguntar el agente de seguros. Estas son algunas de las preguntas que las compañías de seguros le podrían hacer:

1. ¿Cuál es la capacidad de la caja eléctrica principal?

2. ¿Es la caja eléctrica principal de breakers o de fusibles?

3. ¿Hay cables eléctricos de aluminio en la casa?

4. ¿Cuál es la edad del aire acondicionado, y calefacción?

5. ¿Cuál es la edad del calentador de agua?

6. ¿Cuál es la edad del techo?

7. ¿Qué tipo de material, y número de capas tiene el techo?

8. ¿Cuál es la edad, y estilo de la casa?

9. ¿Cuantos pies cuadrados tiene la casa?

10. ¿Qué tipo de material tienen las paredes exteriores?

11. ¿De qué tipo de material son los tubos de distribución de agua?

12. Confirmar si la casa tiene una bomba sumergible de fundación en el sótano (sump pump).

Cuando haya escogido la compañía de seguros por favor dígale al agente de seguros que le envíe al banco, y a la compañía de título el certificado de seguro, y estimado de costo del seguro. Recomiendo que escoja la compañía de seguros rápido pues su agente de préstamos está esperando por esta información para poder continuar el proceso de finanzas.

Paso # 5: La inspección de la casa; contrate a un inspector con credenciales, certificado, y con mucha experiencia inspeccionando casas. Estas son cosas que necesita saber:

1. El tiempo que tiene para hacer inspecciones es limitado, típicamente usted tiene 10 días para hacer inspecciones (en otras partes del país puede tener más o menos días disponibles). Pregúntele a su agente de bienes & raíces cuantos días tiene para hacer inspecciones.

2. Pregúntele a su agente que tipo de inspecciones puede hacer. Algunas de las inspecciones que puede hacer son:

    a. Asbestos.

    b. Chimenea.

    c. Electromecánica.

    d. Estructural.

e. Moho.

f. Plomo.

g. Radón.

h. Termitas.

i. Drenaje principal.

Decida qué tipo de inspecciones va a hacer, y recuerde que el tiempo para hacer inspecciones es limitado. Recomiendo que como mínimo haga las siguientes inspecciones:

1. Electromecánica.

2. Estructural.

3. Radón.

4. Termitas.

a. Pídale a su agente una lista de inspectores. También usted puede buscar inspectores por su cuenta. Visite esta página para localizar inspectores certificados de ASHI (www.ashi.org).

No todos los inspectores son iguales; busque un inspector con al menos 5 años de experiencia, que tenga buena comunicación verbal, y por escrito. No escoja al inspector basado en el precio que cobra por las inspecciones (casi siempre lo barato sale caro). Usted debe de escoger al inspector (no permita que el agente de bienes & raíces escoja al inspector). Busque a un inspector que sea honesto, y que trabaje para usted y no para el agente de bienes & raíces.

Paso # 6: Después de la inspección usted necesita tomar una decisión; cancelar o continuar el proceso de copra

1. Cancelar la compra si la casa está en muy mala condición (asumo que el vendedor no quiere hacer reparaciones) – típicamente para poder

cancelar necesita haber hecho la inspección en los primeros 10 días (en algunos casos puede tener menos de 10 días para hacer inspecciones, consulte con su agente de bienes & raíces).

2.   Renegociar con el vendedor reparaciones, precio de venta o dinero para costos de cierre. Después de haberle presentado el reporte de inspección al vendedor, típicamente tiene 5 días para llegar a un acuerdo (en algunos casos puede tener menos de 5 días para llegar a un acuerdo, consulte con su agente de bienes & raíces).

Paso # 7: Trabajo de títulos; las compañías de títulos típicamente comienzan a trabajar el mismo día que reciben el contrato de compra. Estas son algunas de las cosas que hacen las compañías de títulos:

1.   Reciben el cheque que acompaña al contrato, y lo depositan en una cuenta de custodia (este es el cheque que escribió cuando se hizo la oferta de compra); en algunos casos el cheque lo puede guardar el bróker de bienes & raíces que está representando al vendedor de la casa; ese dinero debe de estar en una cuenta de custodia.

2.   Determinan quien o quienes son los dueños de la propiedad.

3.   Averiguan si los impuestos de propiedad están pagados o no. Si no están pagados ellos averiguan cuánto dinero tiene que pagar el vendedor para entregarle un título limpio.

4.   Averiguan si el título de la propiedad tiene problemas que deben de ser arreglados antes del cierre.

5.   Preparan los documentos de cierre

6.   Hacen el cierre; en algunos casos el banco que le está prestando el dinero hace el cierre.

Paso # 8: La tasación de la casa; usted debe de contratar a un tasador (evaluador) para determinar el valor de la casa (típicamente esto se hace unas 2 semanas antes del cierre). Busque referencias de tasadores preguntándole a algunos agentes de préstamos o los localiza a través de las páginas de la internet. Estas son algunas de las cosas que pueden pasar después de la tasación:

1. La casa se valoriza por el precio de venta: Excelente, entonces el proceso continuara.

2. La casa se valoriza por más del precio de venta: Excelente, entonces el proceso continuara. El comprador no está obligado a pagar más dinero si la casa se valoriza por más dinero.

3. La casa no se valoriza por el precio de venta: Habrá que negociar con el vendedor que baje el precio de venta, pero si no quiere colaborar entonces le recomiendo que cancele la compra de la casa). Pero, si a usted le gusta mucho la casa, y la diferencia entre el precio de venta, y lo que se valoriza no es mucho entonces usted podría poner dinero de su bolsa para cubrir la diferencia, y que se haga la transacción.

4. El tasador podría determinar que la casa está en área de inundaciones, y usted tendrá que comprar un seguro de inundaciones. Este es un seguro adicional al seguro regular de la casa.

5. El tasador podría pedir evaluaciones adicionales de otros profesionales como:

    a. Inspección estructural.

    b. Inspección de moho.

    c. Inspección de techo.

Paso # 9: La re-inspección; si le pidió al vendedor que hiciera reparaciones entonces le recomiendo que contrate al mismo inspector que hizo la inspección para que regrese a hacer una re inspección al menos 10 días antes del cierre.

Paso # 10: Siete días antes de cierre llame a las compañías de utilidades para transferir los servicios a su nombre (por ejemplo, electricidad, agua, y gas). Pida que le transfieran los servicios un día antes del cierre o el mismo día del cierre.

Paso # 11: Dos o tres días antes del cierre visite la casa que está comprando con su agente de bienes & raíces para hacer una "caminata/revisión final," (walk-thru) de la casa.

Paso # 12: Uno o dos días antes del cierre compre un cheque de cajero (en el banco donde tiene guardado su dinero) pagadero a nombre de la compañía de título que le indique su agente de bienes & raíces. Asegúrese de comprarlo por la suma exacta, y que el nombre del beneficiario sea el correcto (el nombre del que recibirá ese cheque típicamente es el nombre de la compañía de títulos que hará su cierre).

Paso # 17: Preséntese 15 minutos antes del cierre en la localidad que le indicó su agente de bienes & raíces o su agente de préstamos. No se olvide de llevar lo siguiente al cierre:

1. Identificación vigente (no vencida/expirada), pude ser su licencia, pasaporte, matricular consular, etc.

2. Cheque de cajero o trasferencia electrónica (en algunos casos puede hacer transferencia electrónica de fondos de su banco a el banco de la compañía de títulos).

3. Si está casada(o) asegúrese de que su esposa(o) esté presente durante el cierre, y también necesita llevar su identificación. El esposo o esposa debe de estar presente durante el cierre, aunque uno de ellos no esté en el préstamo hipotecario.

Hay un gran ahorro de dinero cuando se compra en efectivo pues no hay costos relacionados con la generación de un préstamo. Otra ventaja es que el cierre se puede hacer bien rápido (típicamente entre 7 a 14 días). Esto le da una ventaja negociando con el vendedor.

CAPITULO 5

LAS INSPECCIONES

¿Qué hace el inspector?

El inspector es un investigador entrenado para descubrir defectos; el trabajo del inspector es investigar, evaluar, y emitir opiniones (verbales, y por escrito) respecto a la condición de la casa. El inspector es el investigador primario; después de la inspección si el inspector considera necesario hacer investigaciones adicionales, entonces el inspector lo puede referir con otros profesionales.

No haga caso a otras personas que dan opiniones sin tener la educación, conocimiento, y experiencia que tienen los inspectores de casas. El agente de bienes & raíces no debería dar opiniones de la condición de la casa, pues no tiene los credenciales de inspector, y también por razones de ética no debería de emitir opiniones de la condición de la casa.

¿Hacer o no hacer la inspección?

Es muy importante hacer la inspección de la casa; la inspección se usa para obtener información de la condición de la casa.

1. Puede usar la información de la inspección para negociar con el vendedor; se puede negociar reparaciones, dinero a cambio de las reparaciones o bajar el precio de venta a cambio de reparaciones.

2. Puede usar la información para saber que reparaciones tendrá que hacer, y además tendrá una idea si tiene el dinero para reparar la casa.

3. Puede cancelar; en algunos casos si la condición de la casa está muy mala se usa el reporte de inspección para cancelar la compra de la casa.

Si la casa ya tuvo una inspección anterior, no recomiendo que use ese reporte de inspección; contrate a su propio inspector, y use su reporte de inspección para tomar decisiones. Siempre haga la inspección aunque la casa esté nueva, o haya sido remodelada. Siempre haga la inspección de la casa aunque el vendedor no haga reparaciones. Se lo digo por experiencia, no compre una casa sin hacerle una inspección. Hay muchas cosas escondidas intencionalmente, y en otros casos hay defectos que no han sido descubiertos.

¿Quién contrata al inspector?

El inspector lo debe de contratar el comprado; no permita que el agente de bienes & raíces contrate al inspector. Estos son algunos de los errores más comunes contratando al inspector:

1. Contratar al inspector favorito del agente de bienes & raíces.

2. Contratar al inspector porque cobra menos dinero.

3. Contratar al inspector solamente porque habla su idioma.

4. Contratar a un inspector que no es certificado.

5. Llevar a un amigo o familiar que trabaja en construcción (el entrenamiento de un contratista no es el mismo que el que tiene un inspector).

Pídale a su agente de bienes & raíces que le pase una lista de 4 inspectores, llame a esos inspectores, y los entrevista. Recuerde que usted es el jefe del proyecto, y usted contrata a las personas que más le convienen. Si no le gusta ninguno de esos inspectores, entonces puede buscar más opciones de inspectores:

1. Pedirle referencias de inspectores a amistades o familiares que han comprado casas.

2. Pedirle referencias de inspectores a otros agentes de bienes & raíces.

3. Buscar inspectores en la página web de ASHI (ASHI.ORG).

Preguntas para el inspector antes de contratarlo

Cuando se trata de comprar la casa donde va a vivir su familia es muy importante buscar al mejor inspector, y no necesariamente al más barato o al que habla español. Si su inspector no habla español, lleve una persona de su confianza que le traduzca (no recomiendo que le traduzca el agente de bienes & raíces). Le recomiendo que llame por teléfono al menos a 4 inspectores, y los entrevista. Algunas de las preguntas que le debe de hacer al inspector son:

1. ¿Es usted un inspector certificado, y con licencia?

2. ¿Explíqueme como usted hace sus inspecciones?

3. ¿Cuántos años tiene de experiencia?

4. ¿Cuantas inspecciones ha hecho?

5. ¿Qué hacía usted antes de trabajar como inspector?

6. ¿Puede pasar tres referencias de agentes de bienes & raíces con los que usted ha trabajado?

7. ¿Cómo se llama la compañía de errores y omisiones que usted usa? ¿Me puede pasar por favor el número de póliza, y el número de teléfono de la compañía aseguradora?

8. ¿Qué tipo de inspecciones usted hace?

9. ¿Cuándo está disponible para hacer una inspección?

10. ¿Cuánto cobra por las inspecciones?

Después de haber entrevistado a los inspectores, y haber hablado con las referencias, entonces contrate al que más le haya impresionado. No base su decisión en el precio de la inspección, escoja al que tiene más experiencia, y explique bien las cosas.

¿Cuándo hacer la inspección?

Típicamente usted tiene 10 días para hacer la inspección de la casa. La mayoría de los agentes de bienes & raíces prefieren hacer la inspección pronto. Mi recomendación es no hacer la inspección muy pronto por las siguientes razones:

1. Eliminar la competencia activa: En un mercado de vendedores es muy común que haya ofertas múltiples, y en muchas instancias los perdedores podrían estar esperando que se cancele la transacción. Esto lo sabe el vendedor, y podría tratar de negociar fuerte con usted bajo la pretensión de que tiene todavía a otros compradores interesados en la casa.

2. Eliminar la competencia pasiva: Dejar pasar unos 4 o 5 días después de que su oferta haya sido aceptada. Cuando el estatus de la transacción se cambia a "showing as a backup," menos posible compradores quieren ir a ver la propiedad, y eso significa menos competencia para usted.

3. Psicología (Maduración) de la transacción: Mientras más días está la casa bajo contrato menos compradores quieren ir a ver esa propiedad. Esto le transmite un poco de inseguridad al vendedor. En otras palabras, usted quiere que el vendedor este un poco inseguro, y eso le ayudara después cuanto tenga que negociar con el vendedor.

Haciendo la cita de inspección

Antes de hacer la cita de inspecciones usted necesita saber lo siguiente:

1. ¿Están los tubos de distribución de agua en la casa winterizados? Si están winterizados, ¿quién va a pagar por la de-winterización?

2. Después de la inspección, ¿Quién va a pagar por la re-winterización?

3. ¿Están los servicios de agua, gas, y electricidad activos (conectados)?

4. Si los servicios de agua, gas y electricidad no están activos (no conectados), ¿Quién va a pagar para conectarlos?

Recuerde que en bienes & raíces todo tiene su tiempo, y usted tiene un plazo limitado para hacer las inspecciones. El periodo para hacer las inspecciones puede ser de 5 a 10 días, por esta razón tiene que estar muy atento a que no se le pase el periodo de inspecciones. Lo ideal es hacer las inspecciones entre el cuarto y sexto día después de que le hayan aceptado su oferta.

Póngase de acuerdo con el inspector respecto al día, y la hora para hacer la inspección que es conveniente para usted. Notifique con suficiente tiempo a su agente de bienes & raíces de la fecha, y la hora de la inspección para que su agente notifique al vendedor de la casa. No es un derecho entrar a la casa, es un privilegio, y hay que ser considerado con los dueños de las casas.

¿Qué inspecciones programar (casa de 0 a 30 años)?

Estas son las inspecciones que recomiendo cuando la casa tiene menos de 30 años:

1. Estructural

2. Electromecánica

3. Termita/polilla

4. Radón

5. Chimenea (si tiene chimenea la casa y tiene una altura de al menos 12 pies de alto).

6. Tanque séptico (asumiendo que la casa tenga tanque séptico).

7. Moho (en algunos casos).

¿Qué inspecciones programar (casa de 31 a 75 años)?

Estas son las inspecciones que recomiendo cuando la casa tiene de 31 años a 75 años:

1. Estructural

2. Electromecánica

3. Termita/polilla
4. Radón

5. Chimenea (si tiene chimenea la casa y tiene una altura de al menos 12 pies de alto).

6. Asbestos (en algunos casos).

7. Línea principal de drenaje (en algunos casos).

8. Moho (en algunos casos).

9. Pintura con plomo (en algunos casos). Si la casa fue construida antes del 1978 y hay mucha pintura que se está pelando.

10. Tanque séptico (asumiendo que la casa tenga tanque séptico).

¿Qué inspecciones programar (casa mayor de 76 años)?

Estas son las inspecciones que recomiendo cuando la casa tiene más de 76 años:

1. Estructural

2. Electromecánica

3. Termita/polilla

4. Radón

5. Chimenea (si tiene chimenea la casa y tiene una altura de al menos 12 pies de alto).

6. Asbestos (en algunos casos).

7. Línea principal de drenaje.

8. Moho (en algunos casos).

9. Pintura con plomo (en algunos casos). Si la casa fue construida antes del 1978 y hay mucha pintura que se está pelando.

10. Tanque séptico (asumiendo que la casa tenga tanque séptico).

Después de la inspección general el inspector podría recomendar inspecciones adicionales; no se espere hasta después de haber comprado la casa para hacer estas otras inspecciones. Haga las inspecciones adicionales pronto, y antes del cierre. Lo ideal es hacer las inspecciones adicionales durante el periodo de inspecciones en caso que se tenga que cancelar el contrato debido a la condición de la casa.

El día de las inspecciones

El día de las inspecciones le recomiendo que se presente unos 15 minutos antes de que comiencen las inspecciones. Recomiendo que siga este protocolo:

1. Lleve su chequera, tarjeta de crédito, o dinero en efectivo para pagar por la inspección.

2. No lleve a sus hijos el día de las inspecciones.

3. Asegúrese de no seguir al inspector constantemente, y tampoco hacerle preguntas al inicio de la inspección (es mejor que deje al inspector hacer su trabajo).

4. Al final de la inspección pídale al inspector que por favor le explique el resultado de la inspección.

Después de la inspección, el inspector escribirá el reporte de inspección, y se lo enviará por correo electrónico en un periodo de 24 horas. No firme ningún documento de negociación, y tampoco tome decisiones sin antes haber leído, y entendido el reporte de inspección. Por favor llame al inspector para clarificar cosas que no están muy claras.

Preguntas para el inspector al final de la inspección

Es muy importante hacerle preguntas al inspector para decidir si comprar, o no la casa. Recomiendo que escriba las preguntas en una hoja de papel, y le hace las preguntas al inspector después de que haya terminado de explicar el resultado de la inspección. Si usted escribe muy lento, pregúntele al inspector que si lo puede grabar la conversación.

Las preguntas para el inspector las clasifico en dos categorías; preguntas para determinar si comprar o no la casa, y preguntas de operación de la casa.

1. Preguntas para determinar si compra, o no la casa:

   a. Fundación:

      i. ¿Qué tipo de fundación tiene la casa?

      ii. ¿Cómo está la condición de la fundación?

      iii. ¿Ha tenido reparaciones la fundación?

      iv. ¿Tiene penetración de agua?

      v. ¿Tiene una bomba sumergible para sacar el agua debajo de la fundación?

vi. ¿Es necesario llamar a un ingeniero estructural?

b. Drenaje de agua de lluvia:

i. ¿Se está acumulando agua de lluvia junto a las paredes de la fundación?

ii. ¿Que recomienda para evitar que el agua de lluvia se acumule junto a las paredes de la fundación?

iii. ¿Están los canales del agua drenando bien?

iv. ¿Hay que limpiar los canales del agua?

v. ¿Hay mallas que previenen la acumulación de hojas adentro de los canales?

vi. ¿Hay que extender los bajantes de los canales?

c. Techo:

i. ¿Cuál es la condición, y edad estimada del techo?

ii. ¿Cómo está la condición de la madera debajo del techo?

iii. ¿Qué tipo de material, y cuantas capas tiene el techo?

iv. ¿Tiene papel debajo del material de composición del techo?

v. ¿Está el ático bien ventilado?

vi. ¿Aproximadamente cuánto le queda de vida al techo? Posiblemente el inspector no va a contestar esta pregunta, hágale esta pregunta a un contratista de techos.

vii. ¿Cuánto costaría reemplazarlos? Posiblemente el inspector no va a contestar esta pregunta, hágale esta pregunta a un contratista de techos.

d. Aislante:

    i. ¿Cómo está el nivel de aislante en el ático (desván)?

    ii. ¿Cuál es la eficiencia del aislante en el ático?

    iii. ¿Cómo está el nivel de aislante debajo de los pisos?

    iv. ¿Cómo está el aislante entre las paredes? Posiblemente el inspector no podrá contestar esta pregunta, pero se la puede hacer a un contratista de aislante.

    v. ¿Cómo está la eficiencia de las ventanas y puertas?

    vi. ¿Se está escapando aire por las puertas exteriores?

e. Electricidad:

    i. ¿Es la altura del cable eléctrico de servicio para la casa apropiado?

    ii. ¿Cómo está la condición del panel eléctrico principal?

    iii. ¿Es el panel eléctrico de fusibles o de breakers?

    iv. ¿Hay algún subpanel eléctrico de fusibles?

    v. ¿Cuál es la capacidad del medidor, y panel eléctrico principal?

    vi. ¿Hay tomacorrientes de GFCI en la cocina, y los baños?

    vii. ¿Tienen polo a tierra todos los tomacorrientes?

    viii. ¿Hay alambres eléctricos de aluminio presente en la casa?

    ix. ¿Qué tipo de alambres eléctricos hay en la casa?

    x. ¿Hay cableado de "tube & knob" en alguna parte de la casa?

xi. ¿Hay tomacorrientes de 220V para la secadora de ropa y está activo?

f. Plomería:

   i. ¿Cómo está la condición de los tubos de distribución de agua?

   ii. ¿De qué tipo de material están hechos los tubos de distribución de agua?

   iii. ¿Cómo está la condición de los tubos de drenaje de agua?

   iv. ¿De qué tipo de material están hechos los tubos de drenaje de agua?

   v. ¿Qué tipo de calentador de agua hay en la casa?

   vi. ¿Cómo está la condición del calentador de agua?

   vii. ¿Cuál es la edad estimada del calentador de agua?

   viii. ¿Es el calentador de agua eléctrico o de gas?

   ix. ¿Se necesita instalar un "chimney liner & rain cap" para ventilar los gases del calentador de agua?

   x. ¿Cuál es la edad estimada del calentador de agua?

g. Sistema de aire acondicionado y calefacción:

   i. ¿Qué tipo de calefacción hay en la casa? (forced air furnace, heat pump, etc.).

   ii. ¿Cómo está la condición del aire acondicionado y calefacción?

   iii. ¿Hay que limpiar los ductos de distribución del aire?

   iv. ¿Cuál es la edad estimada del aire acondicionado y calefacción?

v. ¿Hay distribución de aire en todas las partes de la casa?

vi. ¿Hay suficiente reciclaje del aire (retornos) en la casa?

h. Termitas (polillas):

i. ¿Encontró termitas en la casa?

ii. ¿Hay que hacer tratamiento?

iii. ¿Hay que reparar la madera dañada por las termitas?

i. Problemas ambientales:

i. ¿Encontró posible moho en la casa?

ii. ¿Encontró posible asbestos en la casa?

iii. ¿Hay algún problema de humedad?

2. Preguntas de operación de la casa:

a. ¿Cómo reemplazar las baterías de los detectores de humo?

b. ¿Cómo saber si el equipo de monitoreo de radón está funcionando? En este caso se recomienda hacer la inspección de radón.

c. ¿Dónde está el "cleanout" del drenaje principal?

d. ¿Dónde está el extinguidor de fuego y cómo usarlo?

e. ¿Dónde está el filtro del aire acondicionado y calefacción (preguntar cómo cambiarlo y que tan frecuentemente cambiarlo)? ¿Cuál es el tamaño del filtro del aire?

f. ¿Dónde está el medidor de gas, y como cerrar la llave del gas?

g.	¿Dónde está el medidor eléctrico, caja eléctrica principal y donde está el breaker principal para cortar la electricidad para toda la casa?

h.	¿Dónde está la llave principal del agua (para cerrar el agua para toda la casa)?

i.	¿Dónde está y como operar el termostato de la casa?

j.	¿Hay alguna trampa en el drenaje de la casa? (si la casa tienes más de 60 años esta es una posibilidad).

k.	¿Hay que pintar la casa?

l.	¿Hay suficiente aislante en el ático de la casa?

m.	¿Hay suficientes detectores de humo y de monóxido de carbono?

n.	¿Dónde está la llave de paso para cortar el suministro de agua al calentador de agua (water heater)? Si el calentador de agua es eléctrico debería de primero córtale la electricidad para el calentador de agua antes de cerrar la llave del agua.

o.	Donde están las llaves de paso para cortar el suministro de gas para la calefacción, y el calentador de agua

¿Cuándo me entregan el reporte de inspección?

La mayoría de los inspectores escriben el reporte de inspección en su oficina, y típicamente está listo en un periodo de 24 horas. Típicamente los reportes de inspección se envían por correo electrónico a las siguientes personas:

1.	Comprador de la casa.

2.	Agente de bienes & raíces asistiendo al comprador.

Eventualmente el agente de bienes & raíces que está ayudando al comprador le enviará una copia de los reportes a las siguientes personas:

1. Agente de bienes & raíces asistiendo al vendedor.

2. Vendedor de la casa (lo recibe a través de su agente de bienes & raíces).

Típicamente los bancos, y las compañías aseguradoras de casas no piden copias de los reportes de inspección; mi opinión es que no conviene darles copias. Mientras menos sepan los bancos, y las aseguradoras de casas respecto a la condición de la casa mejor para que no pongas más requisitos. Si ellos quieren saber de la casa que envíen a sus trabajadores a hacer indagaciones.

¿Cómo leer el reporte de inspección?

Cuando reciba el reporte de inspección recomiendo que lo comience a leer con calma, marque con un lápiz las cosas que no entiende, y llame al inspector para hacerle preguntas; hacer preguntas es de personas inteligentes.

El reporte de inspección estará escrito en el idioma oficial del país (inglés en Estados Unidos). Si usted no sabe leer ingles le recomiendo que consiga una persona de su confianza que lea el reporte de inspección; no recomiendo que su agente de bienes & raíces haga la traducción pues esto podría ser un conflicto de intereses, y a la vez podría crear un escenario de responsabilidad legal para su agente de bienes & raíces.

Recomiendo que lea el reporte de inspección en este orden:

1. Ver todas las fotos, y leer los comentarios de las fotos.

2. Leer las páginas del resumen (Overview). Marcar todo lo que esté relacionado con electricidad, plomería, aire acondicionado & calefacción, techo, fundación, y problemas ambientales como radón, asbestos, plomo, y moho.

3. Leer el resto del reporte de inspección.

Si algo no está muy claro llame por teléfono al inspector para que le clarifique las cosas. El errores más común de los compradores es que llaman al agente de bienes & raíces a hacerle preguntas del reporte de inspección; cuando deberían de llamar al inspector de la casa.

¿Qué sigue después de la inspección?

Típicamente lo que sigue después de la inspección general son las siguientes cosas:

1. Inspecciones adicionales recomendadas por el inspector de la inspección general.

2. Consultas con contratistas respecto al costo de las reparaciones de las cosas mayores.

3. Tomar la decisión si va o no a comprar la casa. Si decide cancelar, entonces los últimos pasos # 4 & 5 no serían necesarios; su agente tendrá que preparar una cancelación.

4. Hacer una re-inspección asumiendo que pidió que el vendedor haga reparaciones. Recomiendo hacer la re-inspección de 7 a 10 días antes de cierre.

5. Hacer la caminata final dos días antes del cierre para ver si todo está en orden en la casa.

Inspecciones adicionales

En algunos casos el inspector le puede recomendar inspecciones adicionales, por esta razón es muy importante que el día de las inspecciones el inspector le explique muy claramente que otras inspecciones debería de hacer. Si hay que hacer inspecciones adicionales es muy importante que se hagan estas inspecciones durante el periodo de inspección que está escrito en el contrato (típicamente 10 días). Si no queda más tiempo para inspecciones adicionales, entonces pídale a su agente que le pida al vendedor que le extienda el periodo de inspecciones para completar las inspecciones adicionales. Algunas de las inspecciones adicionales podrían ser:

1. Análisis estructural (llamar a un ingiero estructural).

2. Chimenea (Inspección con cámara de TV).

3. La línea principal de drenaje de agua (Inspección con cámara de TV).

4. Moho "mold"

5. Radón

6. Asbestos

7. HVAC (técnico de aire acondicionado y calefacción).

8. Techo (llamar a contratista de techos)

9. Pintura con plomo (lead Paint)

Consultar con contratistas

Una de las cosas más importantes es saber cuánto cuestan las cosas. No tome decisiones sin saber cuánto le costarán las reparaciones. Si hay cosas mayores que reparar lleve a los contratistas lo más pronto posible para obtener más información, y estimados de las reparaciones. Algunos de los contratistas que podría necesitar son los siguientes:

1. Plomeros.

2. Electricistas.

3. Carpinteros.

4. Techeros (roofers).

5. Reparadores de fundaciones.

6. Mitigadores de moho.

7. Mitigación de radón.

8. Mitigación de asbestos.

Asegúrese que los contratistas le den los estimados por escrito, y en papelería oficial de la compañía. No contrate al primo Juancho o al tío Nacho; llame a una compañía independiente, y con credenciales pues va a usar este estimado para negociar con el vendedor.

¿Continuar o cancelar la compra?

No tome la decisión si comprar o no inmediatamente después de la inspección. Recomiendo que siga este protocolo:

1. Hacer la inspección general.

2. Leer el reporte de inspección con calma (si no sabe leer en ingles asumo que una persona de su confianza le está ayudando a leer el reporte de inspección).

3. Hacer inspecciones adicionales recomendadas por el inspector de la inspección general.

4. Obtener por escrito estimados de reparaciones de las cosas mayores de contratistas independientes, y con papelería oficial de la compañía.

5. Tomar la decisión final si va a comprar o no la casa basándose en toda la información que ha obtenido. Si decide continuar la compra de la casa estas son las cosas que podrían pasar:

    a. Pedirle al vendedor que haga las reparaciones mayores.

    b. Pedirle al vendedor que baje el precio de venta a cambio de reparaciones.

c. Pedirle al vendedor que le de dinero para costos de cierre a cambio de reparaciones (esto podría tener restricciones o limitaciones del banco que le está prestando dinero). Pregúntele a su agente de préstamos cuanto es el máximo de dinero que le puede dar el vendedor.

Si decide cancelar la compra de la casa entonces, debe de firmar el documento de cancelación lo más pronto posible. Si quiere cancelar por razón de la condición de la casa el dueño de la casa tiene derecho a recibir copias de los reportes de inspecciones.

La re-inspección

Si le pidió al vendedor que haga reparaciones entonces asegúrese de llamar al inspector que regrese para hacer la re-inspección, y verificar que las cosas se hayan reparado profesionalmente, y con los materiales correctos.

Desafortunadamente en algunos casos el vendedor miente o los trabajadores que ha contratado el vendedor mienten. En otros casos los trabajos se han hecho con deficiencias.

También ha pasado en algunos casos cuando el contratista arregla algo, accidentalmente puede descomponer otra cosa (he visto esto muchas veces).

Pídale al vendedor que provea fotocopias de los recibos de los trabajos (desafortunadamente he visto casos de falsificaciones de facturas, puede llamar a los números de teléfonos que aparecen en las facturas a preguntar respecto al periodo de garantía de la mano de obra).

La caminata final

Dos o tres días antes del cierre le recomiendo que pase a ver la casa que está comprando con su agente de bienes & raíces. La idea es ver la casa desocupada antes del cierre; si se descubren cosas incorrectas que no se pudieron descubrir durante la inspección porque la casa estaba ocupada entonces todavía está a tiempo de hacer reclamos al vendedor. Algunas de las cosas que se debe de fijar son:

1. Asegurarse que el condensador del aire acondicionado todavía este presente (exterior).

2. Asegurarse que no le hayan caído ramas o árboles a la casa (exterior).

3. Asegurarse que no haya vidrios de ventanas o puertas quebradas.

4. Asegurarse que los tubos de distribución, y drenaje de agua todavía estén presente.

5. Asegurarse que la calefacción, y el evaporizador del aire acondicionado estén presente.

6. Asegúrese que el calentador de agua este presente.

7. Revisar por huecos en las paredes.

8. Revisar por manchas en las alfombra.

9. Revisar que la casa haya quedado limpia.

CAPITULO 6

VALOR DE LA CASA

¿Por qué hacer una tasación?

El objetivo de la tasación es saber el valor de la propiedad que está comprando; no importa si está comprando con un préstamo hipotecario, o en efectivo. La tasación es una herramienta de información del valor de la propiedad, y de negociación pues si la casa no se valoriza por el precio que usted está pagando entonces podría pedirle al vendedor que baje el precio de venta. Para transacciones de compra/venta se hace el tipo de tasación llamado "Tasación comparativa de ventas." No cometa el error de comprar una casa sin haberle hecho una tasación. Fácilmente usted puede localizar tasadores de casas en las páginas del internet o le puede preguntar a agentes de préstamos por referencias de tasadores de casas.

¿Qué hace el tasador?

El trabajo del tasador consiste en visitar la casa que se va a valorizar, y las casas que se van a usar como comparables. El tasador tomara notas, y fotos de las casas. Algunas de las funciones del tasador son:

1. Crear un diagrama del terreno, y de la casa.

2. Tomar fotos del interior, exterior, y vecindad de la casa.

3. Tomar fotos del exterior de las casas que se van a usar como comparables.

4. Tomar notas de los materiales de construcción (interiores, y exteriores).

5. Tomar notas de la calidad del acabado (mano de obra).

6. Tomar notas de las mejoras a la propiedad (patio, decks, porches, garajes, chimeneas, piscinas, adiciones, remodelaciones, etc.).

7. Tomar notas del equipo de aire acondicionado, y calefacción, calentador de agua, caja eléctrica, etc.

8. Determina si la casa está en área de inundaciones

9. Describe si hay asociación de vecinos, y documenta los costos de este servicio.

10. Determina si es necesario hacer inspecciones adicionales como pedir que un ingeniero estructural revise la fundación de la casa, o que se haga una inspección de moho.

11. Escribe el reporte de tasación, y se lo envía al banco.

¿Quién contrata al tasador?

Típicamente el tasador es contratado por el banco que está haciendo el préstamo hipotecario, pero cuando se está comprando en efectivo el tasador debe de ser contratado directamente por el comprador. En algunos prestamos como el FHA el banco le envía la orden de valorización a una organización llamada Corporación administrativa de tasaciones (Appraisal Management Corporation). Cuando se trata de préstamos convencionales el banco escoge a la compañía de tasación.

¿Quién le paga al tasador?

El costo de la tasación es parte de los costos de cierre del comprador; típicamente el comprador paga por la tasación. El dinero para pagar la tasación se le entrega al agente de préstamos (se recomienda pagar con cheque, o con tarjeta de débito/crédito). Irónicamente, el propietario de la tasación es el banco, y no el comprador; si usted quiere una copia de la tasación le recomiendo que pida una copia a su agente de préstamos (usualmente si le dan copias).

¿Cuándo se hace la tasación?

Nunca haga la tasación de la casa antes de las inspecciones, pues si resulta que la casa tiene problemas mayores tal vez tenga que cancelar la compra. De esta forma se ahorra pagar por la tasación de una casa que no estará comprando.

Ya sea que se compre en efectivo o financiado por un banco, la tasación se debería de hacer después de haber completado las inspecciones, y llegado a un acuerdo de reparaciones o compensaciones con el dueño de la casa. Típicamente el 99% de los bancos no hacen nada hasta que no se haya completado la tasación; en otras palabras, los bancos van a lo seguro.

Precio de compra vs. El resultado de la tasación

El vendedor pone el precio de venta a la casa basado en las recomendaciones de su agente de bienes & raíces. El comprador hace la oferta de compra basado en las recomendaciones de su agente de bienes & raíces. El que tiene la última palabra respecto al valor de la propiedad es el tasador. Después de obtener el resultado de la tasación podrían pasar las siguientes cosas:

1. La casa se valorizó por menos del precio de venta (precio escrito en el contrato), entonces su agente de bienes & raíces debe de renegociar para que el vendedor baje el precio de venta. Si no tiene agente de bienes & raíces entonces usted tiene que renegociar directamente con el vendedor o el agente de bienes & raíces del vendedor. Si el vendedor se rehúsa a bajar el precio de venta entonces le recomiendo que cancele la compra (recuerde que el banco no le va a prestar el dinero si la casa no se valoriza). No le recomiendo que compre una casa que vale menos de lo que usted está pagando.

2. La casa se valorizó por más del precio de venta, entonces no pasó nada (el proceso sigue). Usted no está obligado a incrementar el precio de compra de la casa si se valorizó por más dinero. En este caso es muy bueno pues está comprando la casa por menos dinero de lo que vale.

3. La casa se valorizó exactamente por el mismo precio de venta, entonces no pasó nada (el proceso sigue).

CAPITULO 7

EL SEGURO DE LA CASA

¿Qué es la póliza de seguro?

La póliza del seguro de la casa es un contrato entre la compañía aseguradora, y el dueño de la casa (policy holder). La póliza de seguros protege su casa de peligros, perdidas, y daños causados por la naturaleza o por accidentes. Hay diferente tipos de pólizas con diferentes coberturas (beneficios). Por ejemplo, hay compañías de seguros que ofrecen este tipo de pólizas:

1. Póliza (HO1): Con esta póliza su propiedad está cubierta contra 11 riesgos.

2. Póliza (HO2): Con esta póliza su propiedad está cubierta contra 18 riesgos (incluyendo los 11 riesgos incluidos en la póliza HO1).

3. Póliza (HO3): Con esta póliza su propiedad está cubierta contra la mayoría de los riesgos, incluyendo todo lo que está cubierto en la póliza HO2.

Es muy importante preguntarle al agente de seguros de las cosas que están cubiertas, y las que están excluidas en su póliza de seguros. Cada compañía tiene diferentes productos, y es su obligación averiguar todos los detalles relacionados con la póliza de seguros que está comprando.

¿Por qué comprar una póliza de seguros?

Si usted está comprando una casa financiada, entonces está obligado a comprar una póliza de seguros. La razón principal por la cual se debe de comprar una póliza de seguros es para proteger la inversión que usted y el banco han hecho.

El costo de reparación o reemplazo de una vivienda es muy caro, y si usted no tiene una póliza de seguros o el seguro está expirado entonces está arriesgando toda su economía. Conozco de varios casos de personas que tuvieron que abandonar la casa o declararon bancarrota después de que se quemó su casa, y no tenían el seguro de la casa al día.

Aparte de tener una protección de su propiedad también las pólizas de seguros pueden proteger muchas otras cosas cuando usted no está en su casa. Siempre mantenga el seguro de la casa activo (al día), no importa si usted ya pagó la casa, o si la está comprando financiada por un vendedor privado.

¿Cómo comprar la póliza de seguros?

Asumo que ya tiene un seguro para su automóvil, y sería buena idea preguntarle a su agente de seguros si le puede proveer una cotización (estimado) de la póliza de seguros para su futura casa. Además, recomiendo que le pida referencias de compañías de seguros a su agente de bienes & raíces, amistades, y familiares que ya han comprado casa.

Recomiendo que obtenga al menos 3 estimados de pólizas de seguros. Esto puede tomar tiempo, y tendrá que leer mucho para saber respecto a los tipos de coberturas.

Para simplificar las cosas le recomiendo que todas las pólizas tengan las mismas coberturas. Estas son algunas de las cosas que debe de considerar:

1. Los mismos niveles de cobertura; por ejemplo, asignarle el mismo costo de reemplazo de la casa (Cobertura de $ 180,000).

2. El mismo deducible; si llegara a hacer algún reclamo le tocaría pagar cierta cantidad de dinero (Deducible de $ 1,000).

3. Los mismos niveles de coberturas para todas las otras cosas.

La idea es comparar manzanas con manzanas, y no peras con manzanas; parte del problema es que muchas veces nos ofrecen diferentes productos con diferentes coberturas, y deducibles. Ahí es cuando las personas se confunden, y no saben escoger la mejor póliza.

También recuerde que a través de los años usted puede hacer ajustes a la póliza, y también puede cambiar de compañía de seguros. Reconozco que hay mucho más detalles que saber para poder decidir cuál póliza de seguros es mejor para usted; creo que tendría que escribir un libro completo para ilustrar este tópico.

Le recomiendo que le pida consejería a los agentes de seguros, y que le expliquen los detalles de sus productos antes de tomar decisiones.

¿Cuándo comprar el seguro?

El seguro de la casa debe de ser ordenado lo más pronto posible después de haber recibido el contrato de compra ratificado (firmado por el comprador y el vendedor).

Proveerle al agente de seguros la información de su agente de préstamo (loan officer) para que el agente de seguros le envíe la certificación de la póliza de seguros al agente de préstamos (hacer esto pronto). El trabajo de ordenar la póliza de seguros es del comprador, y no del agende bienes & raíces. Es posible que cuando ordene la póliza de seguros tenga que pagar una pequeña suma de dinero, pero después de que haya hecho el cierre los pagos lo hará el banco que le está prestado el dinero.

¿Puedo cambiar la compañía de seguros?

Usted puede cambiar la compañía de seguros en cualquier momento, ya sea durante el proceso de compra o después de que haya comprado la casa. Desafortunadamente he conocido a personas que llevan muchos años pagando pólizas de seguros que no les convienen. Para cambiar la póliza de seguros tiene dos opciones:

1. Cambiando la compañía aseguradora durante el proceso de compra: Lo que tiene que hacer es proveerle a la nueva compañía que ha escogido la información del banco que le está prestando el dinero.

2. Cambiando la compañía aseguradora después de haber comprado la casa: Lo que tiene que hacer es proveerle a la nueva compañía que ha escogido la información del banco que le prestó el dinero, y además la información de la compañía aseguradora que está reemplazando.

¿Qué cubre la póliza de seguros?

Las coberturas de las pólizas de seguros pueden ser diferentes; cada compañía puede tener coberturas adicionales o exclusiones. En una póliza estándar (básica) estas son algunas de las posibles coberturas:

1. Vivienda: Cubre por daños o destrucción total de la vivienda, y otras estructuras que están junto a la vivienda primaria.

2. Propiedad personal: Cubre el contenido de la casa como muebles, ropa, artefactos electrodomésticos (dañados, robados o destruidos totalmente).

3. Responsabilidades: Lo protege contra pérdidas financieras si lo demandan.

4. Pagos médicos: Cubre pagos de los gastos médicos de personas que se hayan lastimado en su propiedad. También podría cubrir daños causados por usted o su mascota aunque el incidente haya pasado lejos de su casa; por ejemplo, su perro mordió a una persona a dos cuadras de su casa.

5. Perdida de utilidad: Cubre gastos relacionados con vivienda temporal si su propiedad fue dañada y no está habitable.

Otras coberturas opcionales

Usted también podría comprar otras coberturas para incrementar su protección o cubrir cosas que normalmente no están protegidas con las pólizas HO-1, HO-2 y HO-3. Algunas de estas coberturas adicionales son:

1. Garantía de reemplazo: Provee la mejor cobertura para su propiedad.

2. Protección contra la inflación: Automáticamente ajusta los límites de su póliza; así están siempre sobre el 80% del costo de reemplazo de su casa.

3. Protección de propiedad personal: Esta cobertura protege sus posesiones, joyas, ropa, colección de estampillas, colección de monedas, armas, computadoras, antigüedades, etc. Recomiendo que mantenga una lista de todas las cosas de valor.

4. Protección de dinero en efectivo e inversiones de valores (acciones de inversión, certificados de depósitos, etc.).

5. Protección de segunda residencia: Si usted tiene otra casa le sale más barato endosar una cobertura para esa propiedad.

6. Protección de embarcaciones (botes, yates, etc.): Provee cobertura adicional de responsabilidad personal y gastos médicos (típicamente embarcaciones pequeñas con motor fuera de borda o veleros).

7. Protección contra robo: Si cosas son robadas de su vehículo, embarcación o tráiler sin evidencia de acceso forzado. Esta cobertura provee una mejor protección.

8. Tarjetas de crédito o falsificación de documentos bancarios: Esta cobertura lo protege si su tarjeta de crédito es usada sin su permiso, o es robada. También lo protege si alguien escribe un cheque sin su autorización, o si alguien falsifica algún documento financiero.

¿Qué no está cubierto en las pólizas de seguros?

No es un secreto que la póliza de seguros básica (estándar) no provee la suficiente protección para poder reemplazar todas sus pérdidas durante una catástrofe o ciertas perdidas inesperadas. Peligros imprevistos e incontrolables que no están cubiertas en la póliza estándar son los siguientes:

1. Inundaciones (flooding) – agua que se ha metido al sótano (basement) a través de las paredes o pisos de la fundación.

2. Terremotos

3. Accidente nuclear

4. Guerra

Para poder estar protegido contra estas eventualidades es necesario que compre una protección adicional llamada "peligros imprevistos e incontrolable." Tome en cuenta que si vive en un área donde no hay historia de terremotos entonces no compre esta protección adicional.

CAPITULO 8

LA COMPAÑIA DE TITULOS

¿Por qué usar una compañía de título?

No cometa el error de comprar una casa sin usar una compañía de títulos. La razón principal por la cual se debe de usar una compañía de títulos es para proteger su inversión. Para su protección las compañías de títulos hacen muchas investigaciones, resuelven problemas, preparan la documentación legal, hacen la contabilidad de la transacción, graban la transacción en la corte, y emiten un seguro del título. Algunas de las funciones de las compañías de títulos son:

1. Investigación del título.

2. Historia de transferencias de títulos.

3. Determina quién es el propietario legal de la casa.

4. Determinar si los impuestos de la propiedad están pagados (al día).

5. Determinar si hay alguna demanda legal en contra de la propiedad o el propietario de la casa.

6. Determinar qué derechos serán transferidos a nuevo propietario de la casa.

7. Emitir el seguro del título al nuevo propietario.

8. Grabar la transacción en la corte.

El contrato y depósito inicial

Después de que hayan firmado la oferta el comprador, y el vendedor entonces, la oferta inicial se convierte en un contrato ratificado o un contrato efectivo. Si está usando los servicios de un agente de bienes & raíces entonces su agente es responsable por enviarle una copia del contrato ratificado a las compañías de títulos. Si no está usando los servicios de un agente de bienes & raíces entonces usted es responsable por enviarle una copia del contrato ratificado a las compañías de títulos.

Además, recuerde que cuando se hizo la oferta inicial se escribió un cheque personal, o un cheque de cajero/money order pagadero a nombre de la compañía de títulos que está usando el vendedor de la casa. Recuerde que tiene típicamente dos días para entregar este cheque a la compañía de títulos. Asegúrese de pedir un recibo cuando entregue el cheque a la compañía de títulos.

¿Quién contrata a la compañía de títulos?

En una transacción de compra/venta de bienes & raíces típicamente el vendedor escoge a una compañía de títulos para que haga las indagaciones de título, y presente un título limpio al comprador. Si está comprando la casa en efectivo el comprador debe de usar la misma compañía de títulos que está usando el vendedor. Si está comprando la casa financiada usted puede usar la misma compañía de títulos que está usando el vendedor o escoger otra compañía de títulos de su preferencia (dígale a su agente de bienes & raíces cual compañía quiere usar, o si no conoce ninguna pídale a su agente que le recomiende alguna compañía de títulos).

¿Quién paga por el trabajo de título?

El comprador, y vendedor pagan por diferentes servicios que ofrece la compañía de títulos. Algunos de los servicios, y costos son los siguientes:

1. Costos para el vendedor:

    a. Investigación del título.

    b. Hacer el cierre.

    c. Grabación de la transacción en la corte.

2. Costos para el comprador:

    a. Grabación de la transacción (titulo) en la corte.

    b. Seguro del título de la casa.

    c. Hacer el cierre

¿Cómo ordenar el trabajo de título?

Típicamente el trabajo de título es ordenado por el agente de bienes & raíces que está usando el vendedor de la casa. Recomiendo que este trabajo de título se ordene lo más pronto posible después de que se haya firmado el contrato. Si el vendedor de la casa no está usando un agente de bienes & raíces, entonces el trabajo de título debe de ser ordenado directamente por el dueño de la casa.

¿Qué es el seguro del título?

El seguro del título es una protección para el comprador, pues la compañía de título se está comprometiendo a resolver posibles problemas legales relacionados con el título de la propiedad. Básicamente la compañía de títulos certifica que el título de la propiedad no tiene problemas legales, y garantiza resolver futuros problemas de título.

Cuando el comprador está usando un préstamo hipotecario, el seguro del título es uno de los requisitos del banco que le está prestando el dinero. Cuando el comprador no está usando un préstamo hipotecario, entonces no es un requisito obtener un seguro de título. Recomiendo obtener un seguro del título aunque este comprando en efectivo. Recuerde, si los bancos se protegen usted también debería de protegerse.

CAPITULO 9

POLIZA DE GARANTIA

¿Qué es la garantía de la casa?

La garantía de la casa no es una garantía que provee el vendedor de la casa, sino que es un plan de protección similar al seguro de la casa. Igual que el seguro de la casa hay que pagar un deducible por cada llamada de servicio. La garantía de la casa dura solamente 12 meses, y usted tiene la opción de renovar la póliza de garantía. Le recomiendo renovar la garantía de la casa todos los años.

¿Porque tener una póliza de garantía?

Es muy importante que el vendedor provea una póliza de garantía de la casa porque es una protección para el comprador. No es un secreto que con el tiempo se van deteriorando los materiales, y equipos; si usted tiene una póliza de garantía se puede ahorrar mucho dinero pues solo tendrá que pagar el deducible.

Cuando el equipo en la casa está muy viejo es muy importante tener una póliza de garantía activa todo el tiempo, por esta razón le recomiendo que renueve la garantía cada año. Por ejemplo, la casa que usted está comprando tiene la calefacción, aire acondicionado, y calentador de agua viejos; tendrá que cambiarlos pronto. Debido a la edad avanzada del equipo tendrá que reemplazarlos en los próximos 5 años. El costo de reemplazo del equipo es aproximadamente ($ 6,000), y el costo de mantener la póliza de garantía por 5 años es solamente de ($ 2,500). Además, recuerde que en esos 5 años van a haber otras cosas que se van a descomponer, y la misma póliza de garantías pagará por esas otras reparaciones.

¿Quién ordena la póliza de garantías?

Típicamente, el agente de bienes & raíces que está representando al comprador es el que le pide al vendedor que pague por esta póliza. También su agente de bienes & raíces es el que ordena la póliza de garantías. En algunas ocasiones el agente asistiendo al vendedor ordena la póliza de garantías. Si no hay ningún agente de bienes & raíces colaborando con la transacción, esta póliza la puede pedir el comprador o el vendedor. Ordenando la póliza de garantías:

1. La póliza la puede ordenar el agente del comprador de la casa

2. La póliza la puede ordenar el agente del vendedor de la casa

3. La póliza la puede ordenar el comprador o el vendedor de la casa si no hay ningún agente de bienes & raíces colaborando con la transacción.

¿Quién paga por la garantía de la casa?

Típicamente, la póliza de garantías la paga el dueño de la casa. Si el vendedor se rehúsa a pagar por esta póliza entonces el comprador tiene la opción de ordenar la póliza de garantía, y pagará por ella el día del cierre (se convierte en gastos de cierre).

1. Típicamente el vendedor paga por la póliza de garantía.

2. Si el vendedor no quiere pagar por la póliza entonces usted páguela para estar protegido.

¿Qué está cubierto en la póliza estándar de garantía?

La respuesta a esta pregunta está muy complicada pues cada compañía ofrece diferentes coberturas. Antes del cierre recomiendo que lea el panfleto de coberturas de la compañía de garantías que estará usando. El panfleto de coberturas se lo puede pedir a su agente de bienes & raíces o lo puede bajar de la página web de la compañía de garantías. Típicamente estas son algunas de las cosas que están cubiertas en una póliza de garantías (home warranty):

1. Calefacción.

2. Aire acondicionado.

3. Calentador de agua.

4. Electricidad.

5. Fontanería/Plomería (suministro de agua).

6. Fontanería/Plomería (drenaje de agua, pero no debajo de la tierra).

7. Triturador de basura.

8. Lavadora de platos.

9. Estufa.

10. Refrigerador.

11. Lavadora de ropa.

12. Secadora de ropa.

Antes del cierre debería de leer el panfleto de coberturas de la compañía de garantías que estará usando. Averigüe que está cubierto, y que no está cubierto. Si tiene dudas debería de llamar a la compañía de garantías a hacer les preguntas. Además, recuerde que la garantía no cubre cosas estructurales, y tampoco cosas causadas por el fuego, viento, y agua (las cosas mayores están cubiertas por el seguro general de la casa).

¿Qué otras coberturas debería de ordenar?

El error más común es asumir que todo lo que hay en la casa está cubierto por el seguro de garantía de la casa. Le recomiendo que ordene la cobertura de problemas de drenajes conocido en inglés como "drain stopages."

Además, si la casa tiene piscina entonces ordene una cobertura adicional para la piscina. Cada casa es diferente, y le recomiendo que llame a la compañía de garantías, y le haga preguntas de que otras cosas debería de integrar a la póliza de garantías.

¿Cómo hacer un reclamo?

Antes del cierre asegúrese que su agente de bienes & raíces le haya proveído una copia del panfleto de coberturas, y número de póliza. En el panfleto de coberturas aparece el número telefónico de la compañía de garantías. Le recomiendo que cuando llame a la compañía de garantías use este proceso:

1. Antes de llamar tenga a mano el número de póliza de garantía, dirección de la casa, y nombre del comprador de la casa.

2. Explicar cuál es el problema que está teniendo, por ejemplo: El aire acondicionado está soplando aire, pero no está enfriando.

3. Si le preguntan si usted o alguna amistad a tratado de arreglar el problema, su respuesta debe de ser "No, nadie ha tratado de arreglar el problema, y yo no sé nada de estas cosas, por favor envíe a un técnico que resuelva el problema pronto."

4. Se pone de acuerdo cuando irá el técnico a arreglar el problema.

5. Cuando llegue el técnico le paga por el deducible, este es el único gasto que usted tendrá. El costo de la reparación va por cuenta de la compañía de garantías.

No me quieren arreglar el problema

No se sorprenda si la compañía de garantías le niega el servicio o trata de decirle que ese problema no está cubierto. Es muy común para ellos tratar de no pagar reclamos. Si no le quieren pagar el reclamo esto es lo que debe de hacer:

1. Revisar el panfleto de coberturas, y leer muy bien que está cubierto, y que no está cubierto.

2. Si lo que usted está reclamando está cubierto en la póliza de garantías entonces usted tendrá que mantener su posición firme, y no ceder.

3. Decirle a la compañía de garantías que si no le hacen la reparación entonces usted hablara con su abogado para demandarlos.

4. Llame a un abogado, y pone una demanda si la compañía de garantías no le quiere arreglar el problema.

En algunos casos la compañía de garantías tiene la razón, pues típicamente ellos no cubren casos preexistentes o equipo que no fue instalado apropiadamente. Por esta razón no se crea el cuento de que la póliza de garantías cubre todo, porque no es cierto. Hay que averiguar cuáles son las excepciones.

CAPITULO 10

PROCESO DEL CIERRE

El cierre en realidad es un proceso, y no solamente la fecha que se firman los documentos de cierre. La fecha del cierre está escrita en el contrato, y es el día que usted firma los documentos financieros, y de título de la propiedad; típicamente el cierre se hace en la oficina de la compañía de títulos o en el banco. Antes del día del cierre usted debe que hacer muchas cosas como:

1. Confirmar con el vendedor que las reparaciones fueron completadas (recomiendo preguntar 10 días antes del cierre).

2. Pedirle al vendedor copias de los recibos de las reparaciones (recomiendo pedirlos 10 días antes del cierre).

3. Programar la re-inspección de la casa (recomiendo de 7 a 10 días antes del cierre).

4. Hacer la caminata final (recomiendo 2 o 3 días antes del cierre).

5. Asegurarse que sus identificaciones están disponibles, y no expiradas (recomiendo revisar esto 30 días antes del cierre).

6. Asegúrese de haber comprado el cheque de cajero en el banco (recomiendo   que haga esto 3 días antes del cierre).

7. Asegúrese de haber transferido los servicios de agua, gas, y electricidad a su nombre (llame a las compañías de utilidades 7 días antes del cierre). El día del cierre todas las utilidades deben de estar a nombre del comprador. Durante el invierno la casa no debe de quedarse ningún día sin servicios de electricidad, y gas pues el agua adentro de los tubos se puede congelar, y causar daños cuantiosos en la propiedad.

Garantía de trabajos anteriores

En algunos casos en la casa se han hecho trabajos que ofrecen garantías que son transferibles a los nuevos propietarios. Recomiendo que unos 15 días antes del cierre gestione con las compañías que integren su nombre a las garantías de los trabajos hechos en la casa. Los trabajos que típicamente tienen garantías transferibles son los siguientes:

1. Trabajos de fundación.

2. Trabajos de techos.

3. Remodelaciones.

4. Equipo de aire acondicionado y calefacción.

Reparaciones y recibos

Unos 10 días antes del cierre confirme con el vendedor de la casa que todas las reparaciones fueron hechas. Además, pídale al vendedor copias de los recibos de las reparaciones. También, confirme por cuanto tiempo es la garantía de cada trabajo.

Re-inspección

Después de haber confirmado que las reparaciones fueron completadas, entonces usted debe de programar la re-inspección. Recomiendo programar la re-inspección unos 7 días antes del cierre. Estas son algunas de las cosas que debe de planificar:

1. Pedir copias de los recibos de las reparaciones

2. Confirmar que las reparaciones fueron completadas unos 10 días antes del cierre.

3. Confirmar que los servicios de agua, gas y electricidad están activos para hacer la re-inspección.

4. Confirmar la fecha de la re-inspección con el vendedor, y con el inspector.

5. Enviarle al inspector la lista de las cosas que van a ser re-inspeccionadas.

La re-inspección está tan importante como la inspección; esta es su última oportunidad de verificar que los trabajos se hicieron bien. Basado en mi experiencia personal cuando el comprador le pide reparaciones al vendedor esto es lo que he visto que ha pasado:

1. Todos los trabajos se hicieron bien (80% de las veces).

2. Arreglaron algunas cosas, pero no otras cosas.

3. Arreglaron algunas cosas, y descompusieron otras cosas en el proceso de reparación.

4. Arreglaron algunas cosas bien, y otras no las arreglaron bien.

5. No arreglaron nada.

Basado en mi experiencia como inspector, y como agente de bienes & raíces he visto muchos errores relacionados con las reparaciones. Peor aún, he visto fraude, y engaño de parte de los dueños de las casas o contratistas trabajando para los dueños de las casas. Haga la re-inspección, y duerma tranquilo sabiendo que su familia está segura.

Si los trabajos no están bien hechos, notifique al vendedor para que haga correcciones, y también le pide al vendedor que le notifique cuando los trabajos se hayan completado para hacer una segunda re-inspección. En mi opinión el vendedor debería de pagar por la segunda re-inspección pues no verificó bien que los trabajos estaban hechos correctamente.

La caminata final

Es muy importante hacer la caminata final al menos dos o tres días antes del cierre. El objetivo de hacer esta caminata es verificar muchas cosas que no se pudieron ver cuando la casa estaba ocupada (asumiendo que estaba ocupada). Algunas de las cosas que debe de verificar son:

1. Verificar que la unidad del aire acondicionado está presente (el condensador es la unidad que está afuera de la casa, y el evaporizador es la unidad que está adentro sobre la calefacción o debajo de la calefacción).

2. Verificar que el vendedor no ha cambiado los artefactos electrodomésticos.

3. Verificar que no haya tubos rotos de plomería (suministro de agua).

4. Verificar que el calentador de agua está presente.

5. Verificar si hay daños que no estaban visibles (pisos, cielos, y paredes).

6. Verificar que no haya vidrios quebrados en las ventanas

7. Verificar que las cortinas (blinds) estén todavía presente.

8. Verificar que los accesorios de luces estén presente.

9. Verificar que no hayan dañado los pisos y paredes durante la mudanza del vendedor.

Si se descubren daños que no los vio usted o el inspector porque estaban escondido, entonces se puede re-negociar con el vendedor que lo compense por estos daños. La compensación podría ser dinero en efectivo (esto se hace fuera de la transacción de bienes & raíces). O si no el vendedor le puede dar crédito al comprado (esto aparece como un crédito con la contabilidad de la compañía de títulos).

¿Qué es el día del cierre?

El cierre es la culminación del proceso de compra; durante el cierre se le explicaran documentos relacionados con el préstamo, documentos relacionados con el título de la propiedad. El día del cierre es el día que se firman los documentos, y ese día es cuando se le entregan las llaves de la casa.

¿Quién hace el cierre?

Típicamente el cierre lo hace una persona designada por la compañía de títulos, ellos coordinan con el banco toda la documentación pertinente a finanzas, y además ellos se encargan de todo lo relacionado con el título de la casa. En algunos casos el cierre se hace en la oficina del banco, pero esta segunda opción no es muy común.

¿Qué llevar al cierre?

Es muy importante llegar al cierre unos 15 minutos antes del a hora del cierre. Además es muy importante que lleve los siguientes documentos:

1. Identificación, no vencida o expirada. Típicamente estas identificaciones son aceptadas:

   a. Licencia de conducir

   b. ID

   c. Pasaporte.

   d. Matricula consular.

2. Cheque de cajero. Asegúrese de comprar el cheque de cajero el día anterior, y además asegúrese que el monto, y el nombre en el cheque son los correctos. Típicamente el cheque es pagadero a nombre de la compañía de títulos que va a hacer su cierre.

3. Por últimos, lleve una sonrisa este es el día que se materializa su deseo de tener su propia casa.

¿Quiénes deben de estar presentes el día del cierre?

Típicamente, las personas que están presentes durante el cierre son:

1. El comprador(es) compradores.

2. Agente de bienes & raíces asistiendo al comprador.

3. Agente de préstamos.

4. Representante de la compañía de títulos.

5. Si puede llevar menos de 3 familiares que lo acompañen (opcional).

¿Cuándo me entregan las llaves de la casa?

Típicamente, se le entregan las llaves después del cierre. En realidad, se deberían de entregar las llaves hasta que el banco del vendedor haya recibido los fondos (dinero) de parte de la compañía de títulos.

¿Cuándo me puedo cambiar a la casa?

Se puede cambiar a la casa después de cierre, pero mi recomendación es que se espere un poco para fumigar la casa, y hacer algunas reparaciones o pintar la casa pues es más fácil trabajar en una casa no ocupada.

¿Cuándo me llega el título de la casa?

El título de la casa le llegara por correo, y puede tomar entre 30 a 45 días. La carta que le llegue tendrá como remitente el nombre, y la dirección de la oficina de registro del condado. No espere que le llegue un título enmarcado, pues lo que le llegara es una carta donde dice que usted es el propietario de la casa.

¿Que guardar?

Es muy común para las personas perder documentación de la compra de la casa. Recomiendo que guarde los siguientes documentos en un archivo:

1. Los documentos que le firmo al agente de bienes & raíces durante el proceso de compra de la casa.

2. Los documentos que le entregaron el día del cierre.

3. Los documentos relacionados con el seguro de la casa.

4. Los documentos relacionados con el seguro de garantías.

5. El título de la casa (le llegara por correo entre 30 y 45 días).

6. La información de la compañía de títulos, inspector de la casa, y de su agente de bienes & raíces.

7. Las garantías de los trabajos hechos en la casa.

8. Los recibos de las reparaciones.

9. Los reportes de inspecciones.

BIBLIOGRAFIA

Edad cronológica, efectiva, y económica
Career Education System Seminars, 2002
Bobbitt & Associates Seminar 2004
Everything Appraisal, 2016
https://everythingappraisal.wordpress.com/2008/04/28/economic-agelife/

Saber la salida antes de entrar
Kansas City Regional Association of Realtors (KCRAR) Seminar 2002-2016.
Chris Galo Real Estate Work and Analysis 2002-2016.

Mejor tiempo para buscar la casa
Chris Galo Real Estate Work and Analysis 2002-2016

Compre la casa que va a necesitar en el futuro
Career Education System Seminars, 2002
Kansas City Regional Association of Realtors (KCRAR) Seminar 2002-2016
El Centro, Inc. Seminars 2001-2012
Harvest American Seminars 2005-2012
Chris Galo Real Estate Work and Analysis 2002-2016

Factores exteriores
Bobbitt & Associates Seminar 2004
Chris Galo Appraisal Work and Analysis 2004-2011
Career Education System Seminars, 2002
Kansas City Regional Association of Realtors (KCRAR) Seminar 2002-2016
Everything Appraisal, 2016
https://everythingappraisal.wordpress.com/2008/04/28/economic-agelife/

FEMA
www.fema.gov
Factores interiores
Bobbitt & Associates Seminar 2004
Chris Galo Appraisal Work and Analysis 2004-2011

Career Education System Seminars, 2002

Kansas City Regional Association of Realtors (KCRAR) Seminar 2002-2016
Everything Appraisal, 2016
https://everythingappraisal.wordpress.com/2008/04/28/economic-agelife/

Ciclo de vida
Bobbitt & Associates Seminar 2004
Chris Galo Appraisal Work and Analysis 2004-2011
ASHI Continuing Education Seminars, 2002-2016
Chris Galo Home Inspection Work and Analysis 2002-2016

Busque la casa que puede pagar
Matthew Heard Loan Officer Interviews 2015-2016
Raul Duran Interviews 2010-2016
Ingrid Hinson Interview 2010-2016
Diamond Mortgage 2006-2007
Chris Galo Real Estate Work and Analysis 2006-2007

Cuidado con el pago
Matthew Heard Loan Officer Interviews 2015-2016
Raul Duran Interviews 2010-2016
Ingrid Hinson Interview 2010-2016
Diamond Mortgage 2006-2007
Chris Galo Real Estate Work and Analysis 2006-2007

Cosas que pueden incrementar el pago
El Centro, Inc. Seminars 2001-2012
Harvest American Seminars 2005-2012
Chris Galo Real Estate Work and Analysis 2002-2016

¿Que es importante para su familia?
Chris Galo Real Estate Work and Analysis 2002-2016
U.S. Department of Justice
https://www.nsopw.gov/es/Search/Verification

¿Quiénes me van a acompañar?
Chris Galo Real Estate Work and Analysis 2002-2016

Instrucciones para su agente
Chris Galo Real Estate Work and Analysis 2002-2016

¿Quién localiza la casa?

Chris Galo Real Estate Work and Analysis 2002-2016
Heartland MLS Seminar 2002, 2005, 2015

¿Dónde buscar la casa?
Chris Galo Real Estate Work and Analysis 2002-2016

Heartland MLS Seminar 2002, 2005, 2015

No puede comprar (préstamo)
Chris Galo Real Estate Work and Analysis 2002-2016Kansas City Regional
Association of Realtors (KCRAR) Seminar 2002-2016

No puede comprar (utilidades)
Matthew Heard Loan Officer Interviews 2015-2016
Ingrid Hinson Loan Officer Interview 2010-2016
Chris Galo Real Estate Work and Analysis 2006-2007

No puede comprar (condición de la casa)
Bobbitt & Associates Seminar 2004
Kent Titus Appraiser Interviews 2005-2007
Todd Burnidge Appraiser Interviews 2005-2007
Everything Appraisal, 2016
https://everythingappraisal.wordpress.com/2008/04/28/economic-agelife/

No puede comprar (Seguro de la casa)
Aldolfo Uriante Insurance Agent Interview 2005
Estrella Villa Insurance Agent Interview 2015
Nelson Umana Insurnace Agent Interview 2016

No puede comprar (Avalúo)
Bobbitt & Associates Seminar 2004
Kent Titus Appraiser Interviews 2005-2007
Todd Burnidge Appraiser Interviews 2005-2007
Matthew Heard Loan Officer Interviews 2015-2016
Raul Duran Loan Officer Interviews 2010-2016
Ingrid Hinson Loan Officer Interview 2010-2016
Diamond Mortgage 2006-2007
Everything Appraisal, 2016

https://everythingappraisal.wordpress.com/2008/04/28/economic-agelife/

¿Cómo hacer las citas?
Chris Galo Real Estate Work and Analysis 2002-2016
Heartland MLS Seminar 2002, 2005, 2015

¿Cómo funciona el sistema de citas?
Chris Galo Real Estate Work and Analysis 2002-2016
Heartland MLS Seminar 2002, 2005, 2015

Dinámica del tour de casas
Chris Galo Real Estate Work and Analysis 2002-2016Heartland MLS Seminar
2002, 2005, 2015

Utilized Websites

Website Dictionary
Old Republic Title Dictionary, 2016
http://www.oldrepublictitle.com/newnational/resources/ORT-SS-
RealEstateDictionary.pdf

Online Real Estate Dictionary, 2016
http://real-estate-dictionary.com/
Redfin Real Estate Glossary, 2016
https://www.redfin.com/real-estate-glossary

(I)Investopedia Dictionary, 2016
http://www.investopedia.com/categories/realestate.asp

National Association of Realtors
https://www.nar.realtor/

Century 21, 2016
http://www.century21.com/glossary

www.ingramcontent.com/pod-product-compliance
Lightning Source LLC
Chambersburg PA
CBHW031522270326
41930CB00006B/487